TOME 1 MÉDINE

mon cahier de cours

اِسْم : ....

عَام : ....

1ʳᵉ édition
(1445 H - 2023 G)
ISBN : 9798857379950

Retrouvez tous nos livres en PDF sur le site :

arabe-correct.com

 arabecorrect  ArabeCorrect quizz  Arabe-correct

---

Correspondance entre les chiffres :

6	←	٦	0 ← ٠	
7	←	٧	1 ← ١	
8	←	٨	2 ← ٢	
9	←	٩	3 ← ٣	
10	←	١٠	4 ← ٤	
			5 ← ٥	

إِنَّ الْحَمْدَ لِلَّهِ نَحْمَدُهُ وَنَسْتَعِينُهُ وَنَسْتَغْفِرُهُ وَنَعُوذُ بِاللَّهِ مِنْ شُرُورِ أَنْفُسِنَا وَمِنْ سَيِّئَاتِ أَعْمَالِنَا مَنْ يَهْدِهِ اللَّهُ فَلَا مُضِلَّ لَهُ وَمَنْ يُضْلِلْ فَلَا هَادِيَ لَهُ وَأَشْهَدُ أَنْ لَا إِلَهَ إِلَّا اللَّهُ وَحْدَهُ لَا شَرِيكَ لَهُ وَأَشْهَدُ أَنَّ مُحَمَّدًا عَبْدُهُ وَرَسُولُهُ صَلَّى اللَّهُ عَلَيْهِ وَعَلَى آلِهِ وَأَصْحَابِهِ وَمَنْ تَبِعَهُمْ بِإِحْسَانٍ إِلَى يَوْمِ الدِّينِ وَسَلَّمَ تَسْلِيمًا كَثِيرًا.

Ce livre intitulé **Tome 1 Médine : mon cahier de cours** contient les règles à comprendre et à retenir, leçon après leçon, lors de l'étude du célèbre Tome 1 de Médine.

Sur chaque double page il y en a une vierge sur laquelle **vous pouvez inscrire vos propres notes et/ou celles de votre professeur(e)**.

À la fin il y a un **résumé** qui condense ce qui a été vu tout au long du livre. Comme plusieurs sujets ont été abordés en plusieurs étapes, le résumé permet de **récapituler chaque sujet en un seul et même endroit**, ce qui facilite la compréhension globale ainsi que la révision.

Pour ce qui est du vocabulaire, nous vous conseillons de vous reporter au livre **Mon vocabulaire arabe : les tomes de Médine** qui regroupe le vocabulaire du livre principal de chacun des 4 tomes de Médine.

Et pour vous exercer sur ce que vous devez avoir acquis après l'étude de ce livre, nous vous conseillons de vous reporter à ces 2 livres :

- **240 phrases à composer en arabe : Niveau 1**
- **Conjugaison Tome 1 Médine: la maîtrises-tu ?**

Avec cela vous avez de quoi vous préparer le mieux possible pour **aborder le Tome 2 de Médine sereinement** in chaa Allah !

وَصَلَّى اللَّهُ وَسَلَّمَ عَلَى نَبِيِّنَا مُحَمَّدٍ وَعَلَى آلِهِ وَأَزْوَاجِهِ وَأَصْحَابِهِ أَجْمَعِينَ

الدَّرْسُ الأَوَّلُ وَالدَّرْسُ الثَّانِي
LEÇONS 1 ET 2

إِسْمُ الإِشَارَةِ	١

le pronom démonstratif

C'est ce qui permet de montrer. Il y a plusieurs mots dans cette famille, nous en voyons **2** dans cette leçon :

(*voici , ceci , celui-ci, c'*) ١ - هَـٰذَا

C'est un <u>pronom démonstratif</u> pour désigner
ce qui est **singulier, masculin** et **proche**.

اِسْمُ إِشَارَةٍ لِلْمُفْرَدِ الْمُذَكَّرِ الْقَرِيبِ.

هَـٰذَا كِتَابٌ. هَـٰذَا جَمَلٌ. هَـٰذَا وَلَدٌ.
C'est un livre. *Ceci est un chameau.* *Voici un enfant.*

*ce petit **alif** indique qu'il y a une prolongation
à faire, mais il n'est pas obligatoire de l'écrire*

(*voilà , cela , celui-là, c'*) ٢ - ذَٰلِكَ

C'est un <u>pronom démonstratif</u> pour désigner
ce qui est **singulier, masculin** et **éloigné**.

اِسْمُ إِشَارَةٍ لِلْمُفْرَدِ الْمُذَكَّرِ الْبَعِيدِ.

ذَٰلِكَ بَيْتٌ. ذَٰلِكَ قِطٌّ. ذَٰلِكَ رَجُلٌ.
C'est une maison. *Cela est un chat.* *Voilà un homme.*

إِسْمُ الاسْتِفْهَامِ	٢

le nom interrogatif

C'est ce qui permet d'interroger. Il y a plusieurs mots dans cette famille, nous en voyons **2** dans cette leçon :

(*qu'est-ce que ?*) ١ - مَا

C'est un <u>nom interrogatif</u>
pour **ce qui n'est pas doué de raison**

اِسْمُ اسْتِفْهَامٍ لِغَيْرِ الْعَاقِلِ.

مَا هَـٰذَا؟ هَـٰذَا بَابٌ.
Qu'est-ce que c'est ? C'est une porte.

(*qui ?*) ٢ - مَنْ

C'est un <u>nom interrogatif</u>
pour **ce qui est doué de raison**

اِسْمُ اسْتِفْهَامٍ لِلْعَاقِلِ.

مَنْ ذَٰلِكَ؟ ذَٰلِكَ طَبِيبٌ.
Qui est celui-là ? C'est un médecin.

NOTES   مُلَاحَظَاتٌ

| la préposition interrogative | حَرْفُ الْاِسْتِفْهَام | ٣ |

C'est ce qui permet d'interroger. Il en existe 2, nous en voyons **une seule** dans cette leçon :

أ

(est-ce que ?)

La *hamzah* interrogative est une préposition dont la réponse se fait généralement par **OUI** ou **NON**.

هَمْزَةُ الْاِسْتِفْهَامِ، حَرْفٌ جَوَابُهُ نَعَمْ أَوْ لَا غَالِبًا.

Est-ce que c'est un lit ? **Oui**. C'est un lit.   أَهَذَا سَرِيرٌ؟   نَعَمْ . هَذَا سَرِيرٌ.

Est-ce que c'est un cheval ? **Non**. C'est un âne.   أَذَلِكَ حِصَانٌ؟   لَا. ذَلِكَ حِمَارٌ.

الدَّرْسُ الثَّالِثُ
LEÇON 3

| le, la, les, l' | اَلْ | ١ |

C'est ce qui permet de rendre défini (مَعْرِفَة) un nom qui était à la base **indéfini** (نَكِرَة).

اَلْبَيْتُ ← بَيْتٌ   اَلْقِطُّ ← قِطٌّ   اَلْوَلَدُ ← وَلَدٌ

la maison   *une maison*   **le** chat   *un chat*   **l'**enfant   *un enfant*

Remarque : • Il est **impossible** d'avoir dans un même mot اَلْ au début et un *tanewîne* à la fin ⟶ ⊖ اَلْوَلَدٌ

• Pour les noms propres de lieu (*pays, ville, ...*), on doit respecter l'usage.
Si le nom propre en question porte اَلْ alors on ne lui retire pas. Et inversement.

⊖ اَلْمَكَّةُ   ✓ مَكَّةُ   ⟵ **La** Mecque   ✓ اَلْيَابَانُ   ⊖ يَابَانُ   ⟵ **le** Japon

| l'indéfini et le défini | النَّكِرَةُ وَالْمَعْرِفَةُ | ٢ |

L'indéfini : c'est un élément imprécis.
Il finit par tanewine (à part s'il y a un empêchement)

النَّكِرَةُ : شَيْءٌ غَيْرُ مُعَيَّنٍ.

قَلَمٌ   كَلْبٌ   بِنْتٌ

un stylo   *un chien*   *une fille*

Le défini : c'est un élément précis.
Il est souvent précédé par اَلْ

الْمَعْرِفَةُ : شَيْءٌ مُعَيَّنٌ.

الْقَلَمُ   الْكَلْبُ   الْبِنْتُ

le stylo   *le chien*   *la fille*

NOTES	مُلَاحَظَاتٌ

	٣
Les lettres lunaires et les lettres solaires	الْحُرُوفُ الْقَمَرِيَّةُ وَالْحُرُوفُ الشَّمْسِيَّةُ

Le mot الـ ne s'écrit pas seul, mais on l'attache au mot suivant. Et la lettre ل ne sera pas prononcée dans tous les cas :

- Elle <u>sera prononcée</u> quand le mot commence par une des **14 lettres** dites قَمَرِيَّة (*lunaires*) :

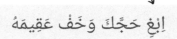

    la lune   اَلْـقَـمَـرُ   *aie le désir d'accomplir ton hajj et redoute qu'il ne soit caduc !*   اِبْغِ حَجَّكَ وَخَفْ عَقِيمَهُ

- Elle <u>ne sera pas prononcée</u> quand le mot commence par les autres lettres, dites شَمْسِيَّة (*solaires*), par contre on doublera la lettre qui suit par une **chaddah** :

   le soleil   اَلـشَّـمْـسُ   ← *se prononcera* →   اَشَّـمْـسُ

	الْحُرُوفُ الشَّمْسِيَّةُ	*les lettres solaires*		الْحُرُوفُ الْقَمَرِيَّةُ	*les lettres lunaires*
	→ *à l'oral* → *à l'écrit*				
1	ت : اَلتَّاجِرُ اَتَّاجِرُ		1	ء : اَلْأَبُ	
2	ث : اَلثَّوْبُ اَثَّوْبُ		2	ب : اَلْبَابُ	
3	د : اَلدِّيكُ اَدِّيكُ		3	ج : اَلْجَنَّةُ	
4	ذ : اَلذَّهَبُ اَذَّهَبُ		4	ح : اَلْحِمَارُ	
5	ر : اَلرَّجُلُ اَرَّجُلُ		5	خ : اَلْخُبْزُ	
6	ز : اَلزَّهَرَةُ اَزَّهَرَةُ		6	ع : اَلْعَيْنُ	
7	س : اَلسَّمَكُ اَسَّمَكُ		7	غ : اَلْغَدَاءُ	
8	ش : اَلشَّمْسُ اَشَّمْسُ		8	ف : اَلْفَمُ	
9	ص : اَلصَّدْرُ اَصَّدْرُ		9	ق : اَلْقَمَرُ	
10	ض : اَلضَّيْفُ اَضَّيْفُ		10	ك : اَلْكَلْبُ	
11	ط : اَلطَّالِبُ اَطَّالِبُ		11	م : اَلْمَاءُ	
12	ظ : اَلظَّهْرُ اَظَّهْرُ		12	هـ : اَلْهَوَاءُ	
13	ل : اَللَّحْمُ اَللَّحْمُ		13	و : اَلْوَلَدُ	
14	ن : اَلنَّجْمُ اَنَّجْمُ		14	ي : اَلْيَدُ	

NOTES   مُلَاحَظَاتٌ

| *La phrase nominale* | الْجُمْلَةُ الِاسْمِيَّةُ | ٤ |

On peut faire une phrase avec 2 noms, le 1er portant الـ et le 2e finissant par un *tanewîne*. Dans ce cas-là, c'est comme si le verbe *être* était sous-entendu entre les deux :

L'étudiant *est* assis.   ⟵ ———————   الـطَّالِبُ جَالِسٌ.

Le stylo *est* neuf.   ⟵ ———————   الْـقَلَمُ جَدِيدٌ.

La mosquée *est* grande.   ⟵ ———————   الْـمَسْجِدُ كَبِيرٌ.

الـدَّرْسُ الـرَّابِعُ
LEÇON 4

| *Les prépositions qui imposent le cas "jarr"* | حُرُوفُ الْجَرِّ | ١ |

Certaines prépositions imposent le cas *jarr* (représenté par la terminaison *kasrah*) au mot qui les suit, nous en voyons 4 dans cette leçon :

Son sens principal est الـظَّرْفِيَّةُ (*le contenant dans le lieu ou le temps*) (*dans / en / à / au / aux / pendant*)   ١ - فِي

*Mohammed est **dans** la maison.*   مُحَمَّدٌ فِي الْبَيْتِ.
à

Son sens principal est الِاسْتِعْلَاءُ (*l'élévation*)   (*sur*)   ٢ - عَلَى

*Le stylo est **sur** le bureau.*   الْقَلَمُ عَلَى الْمَكْتَبِ.

Son sens principal est الْبِدَايَةُ (*le point de départ*)   (*de / du / des / d'*)   ٣ - مِنْ

*Hamid est **d'**Inde.*   حَامِدٌ مِنَ الْهِنْدِ.*

Son sens principal est النِّهَايَةُ (*le point d'arrivée*)   (*à / au / aux*)   ٤ - إِلَى

*Ali est parti **à** l'école.*   ذَهَبَ عَلِيٌّ إِلَى الْمَدْرَسَةِ.

---

* : on la prononce مِنَ avec *fathah* sur le *noûn* quand elle est suivie d'une *hamzah* de liaison (l) pour éviter 2 *soukoûn* à la suite

NOTES   مُلَاحَظَاتٌ

le nom interrogatif - suite	٢ اِسْمُ الاِسْتِفْهَامِ - تَابِعٌ

C'est un <u>nom interrogatif</u> pour questionner sur le lieu.

أَيْنَ (où ?) : اِسْمُ اسْتِفْهَامٍ لِلسُّؤَالِ عَنِ الْمَكَانِ.

Où est Mohammed ?
Mohammed est dans la chambre.

أَيْنَ مُحَمَّدٌ؟   مُحَمَّدٌ فِي الْغُرْفَةِ.

C'est un <u>nom interrogatif</u> pour ce qui n'est pas doué de raison.

مَاذَا (qu'est-ce qu'il y a) : اِسْمُ اسْتِفْهَامٍ لِغَيْرِ الْعَاقِلِ.

Qu'est-ce qu'il y a sur le bureau ?
Le stylo est sur le bureau.

مَاذَا عَلَى الْمَكْتَبِ؟   الْقَلَمُ عَلَى الْمَكْتَبِ.

le pronom	٣ الضَّمِيرُ

Dans cette leçon, **4** pronoms personnels sont cités :

هِيَ فِي الْغُرْفَةِ.	هُوَ جَالِسٌ.	أَنْتَ جَدِيدٌ.	أَنَا طَالِبٌ.
Elle est dans la chambre.	*Il est assis.*	*Tu (h)est nouveau.*	*Je suis étudiant.*

le nom propre féminin	٤ الْعَلَمُ الْمُؤَنَّثُ

À la base, <u>le nom propre masculin porte un *tanewîne*</u> tandis que <u>le nom propre féminin n'en porte pas</u> :

الْعَلَمُ الْمُذَكَّرُ : عَبَّاسٌ ، مُحَمَّدٌ ، يَاسِرٌ ...
(nom propre masculin)

الْعَلَمُ الْمُؤَنَّثُ : عَائِشَةُ ، آمِنَةُ ، زَيْنَبُ ... زَيْنَبٌ ⊖ آمِنَةٌ ⊖
(nom propre féminin)

le verbe au passé	٥ الْفِعْلُ الْمَاضِي

Dans cette leçon, on voit la conjugaison du verbe au **passé** à la **3e personne du singulier masculin** :

ذَهَبَ حَامِدٌ إِلَى الْمَسْجِدِ.   أَيْنَ الْمُدَرِّسُ؟ خَرَجَ.

Hâmid est parti à la mosquée.   *Où est le professeur ? [Il] est sorti.*

NOTES   مُلَاحَظَاتٌ

الدَّرْسُ الْخَامِسُ

LEÇONS 5

| *l'annexion* | الْإِضَافَةُ | ١ |

L'annexion est un assemblage entre 2 mots (ou plus) pour indiquer qu'il y a entre eux un lien de possession, de lieu, ou de temps.

Par exemple, on a appris à dire "<u>un</u> livre" en disant ⟶ كِتَابٌ

Puis on a appris à dire "<u>le</u> livre" en disant ⟶ الْكِتَابُ

Maintenant si on veut préciser à qui est ce livre et dire "le livre **du** professeur" ou "le livre **de** Mohammed", on utilisera l'annexion en disant :

(le) livre (de) Mohammed كِتَابُ مُحَمَّدٍ   كِتَابُ الْمُدَرِّسِ *(le) livre (du) professeur*

الْمُضَافُ إِلَيْهِ   الْمُضَافُ   الْمُضَافُ إِلَيْهِ   الْمُضَافُ
celui à qui on annexe   *l'annexé*

Dans une **إِضَافَة** il faut appliquer <u>3 règles</u> :

- règle **①** : ne pas mettre **الـ** devant le 1er mot (**مُضَاف**)
- règle **②** : ne pas mettre *tanewîne* sur le 1er mot (**مُضَاف**)
- règle **③** : mettre la *kasrah* à la fin du 2e mot (**مُضَاف إِلَيْهِ**), avec ou sans *tanewîne* selon la situation

<u>*Quelques exemples*</u> :

Voici (le) livre (de) Khâlid.   هَٰذَا كِتَابُ خَالِدٍ.

Voici (le) livre (d')un étudiant.   هَٰذَا كِتَابُ طَالِبٍ.

Voici (le) livre (de) l'étudiant.   هَٰذَا كِتَابُ الطَّالِبِ.

C'est (le) livre (de) qui ?   * كِتَابُ مَنْ هَٰذَا؟

Le livre est sur (le) bureau (de) Abbâs.   الْكِتَابُ عَلَى مَكْتَبِ عَبَّاسٍ.

---

* : on ne remarque pas la règle **③** sur le mot **مَنْ** car sa terminaison est invariable

NOTES   مُلَاحَظَاتٌ

الْمُنَادَى وَحَرْفُ النِّدَاءِ   *L'appelé et la préposition d'appel*   ٢

Quand on veut appeler une personne par son nom ou une de ses descriptions, on peut utiliser la préposition d'appel يَا et <u>on ne maintient pas le</u> *tanewîne* sur الْمُنَادَى (l'appelé) :

آمِنَةٌ ⟶ يَا آمِنَةُ !   حَامِدٌ ⟶ يَا حَامِدُ !   طَالِبٌ ⟶ يَا طَالِبُ !

ô Âminah   *Âminah*   *ô Hâmid*   *Hâmid*   *ô étudiant*   *un étudiant*

الْمُنَادَى   حَرْفُ النِّدَاءِ
l'appelé   *la préposition d'appel*

هَمْزَةُ الْوَصْلِ   *La hamzah de liaison*   ٣

- La *hamzah de liaison* (l) est une *hamzah* (ء) qui n'apparaît pas, mais qui est représentée par un *alif*
- Elle ne peut être qu'en début de mot et on n'écrit que son *alif*
- Elle se prononce en début de phrase
- On ne la prononce pas en cours de phrase, sauf après un arrêt quand on reprend la parole sur un mot commençant par elle
- La voyelle qu'elle porte peut être soit la *fathah*, soit la *kasrah*, soit la *dammah*, selon le mot
- Ce qui la suit est une lettre portant soit un *soukoûn* soit une *chaddah*
- Toute prolongation avant une *hamzah de liaison* ne sera pas faite
- Si un *tanewîne* est suivi d'une *hamzah* de liaison, on ajoute une *kasrah* entre les deux pour faciliter la prononciation

أَلْقَلَمُ عَلَى الْمَكْتَبِ.   إِبْنُ الْمُدِيرِ طَوِيلٌ وَابْنُ الْإِمَامِ قَصِيرٌ.

Le stylo est sur le bureau.   *Le fils du directeur est grand et le fils de l'imam est petit.*

لِي أَخٌ وَاحِدٌ اسْمُهُ سَعْدٌ.   وَاحِدٌ = وَاحِدْن   لِي أَخٌ وَاحِدْن اسْمُهُ سَعْدٌ.

liaison à faire à l'oral   *à l'oral*   *à l'écrit*   *J'ai un seul frère dont le prénom est Saad.*

الظَّرْفُ   *le complément circonstanciel*   ٤

Certains compléments circonstanciels sont utilisés en إِضَافَة (annexion), en appliquant les 3 règles vues p14. C'est le cas de ce complément circonstanciel :

تَحْتَ (*sous*)   الْحَقِيبَةُ تَحْتَ الْمَكْتَبِ.

*Le cartable est **sous** le bureau.*

NOTES   مُلَاحَظَاتٌ

الدَّرْسُ السَّادِسُ وَالدَّرْسُ السَّابِعُ
LEÇONS 6 ET 7

| le nom féminin | الِاسْمُ الْمُؤَنَّثُ | ١ |

On peut distinguer 4 types de mots féminins :

- celui qui est féminin **biologiquement** : أُخْتٌ   بِنْتٌ   أُمٌّ
         sœur   *fille*   *mère*

- celui qui, au singulier, finit par la lettre ﺔ / ة : قَهْوَةٌ   سَيَّارَةٌ   سَاعَـةٌ
         café   *voiture*   *montre*

- celui qui désigne une **partie double du corps** : يَدٌ   أُذُنٌ   عَيْنٌ
         main   *oreille*   *œil*

- celui qui est féminin **dans l'usage** (*à apprendre par cœur*) : قِدْرٌ   شَمْسٌ   سَمَاءٌ   أَرْضٌ
         marmite   *soleil*   *ciel*   *terre*

Remarque : Plusieurs mots parmi les descriptifs peuvent se mettre au féminin en ajoutant la lettre ﺔ / ة précédée d'une *fathah* (*il n'y a jamais kasrah ni dammah juste avant la lettre* ﺔ / ة)

مُدِيرَةٌ : مُدِيرٌ   وَسِخَةٌ : وَسِخٌ   سَهْلَـةٌ : سَهْلٌ   مَفْتُوحَـةٌ : مَفْتُوحٌ   بَارِدَةٌ : بَارِدٌ

directrice directeur   *sale sale*   *facile facile*   *ouverte ouvert*   *froide froid*

| le pronom démonstratif - suite | اِسْمُ الْإِشَارَةِ - تَابِعٌ | ٢ |

Dans cette leçon, nous voyons **2 autres pronoms démonstratifs** pour le féminin :

١ - هَـٰذِهِ *

(*voici, ceci , celle-ci, c'*)

C'est un <u>pronom démonstratif</u> pour désigner
ce qui est **singulier, féminin** et **proche**.

اِسْمُ إِشَارَةٍ لِلْمُفْرَدِ الْمُؤَنَّثِ الْقَرِيبِ.

هَـٰذِهِ قِدْرٌ.   هَـٰذِهِ رِجْلٌ.   هَـٰذِهِ سَيَّارَةٌ.   هَـٰذِهِ بِنْتٌ.

Voici une marmite .   *Voici* un pied.   *Voici* une voiture.   C'est une fille.

٢ - تِلْكَ

(*voilà, cela , celle-là, c'*)

C'est un <u>pronom démonstratif</u> pour désigner
ce qui est **singulier, féminin** et **éloigné**.

اِسْمُ إِشَارَةٍ لِلْمُفْرَدِ الْمُؤَنَّثِ الْبَعِيدِ.

تِلْكَ قِدْرٌ.   تِلْكَ رِجْلٌ.   تِلْكَ سَيَّارَةٌ.   تِلْكَ بِنْتٌ.

Voilà une marmite .   *Voilà* un pied.   *Voilà* une voiture.   C'est une fille.

---

* : le petit *alif* indique qu'il y a une prolongation à faire à l'oral, mais il n'est pas obligatoire de l'écrire

  مُلَاحَظَاتٌ

| | **الْجُمْلَةُ الاِسْمِيَّةُ - تَابِع** | ٣ |

La phrase nominale - suite

Dans une phrase nominale, la 2e partie (**الْخَبَر**) s'accorde en genre avec la 1re partie (**الْمُبْتَدَأ**) :

الْخَبَر ← الْمُبْتَدَأ

هِيَ طَالِبَةٌ.   الْقَهْوَةُ لَذِيذَةٌ.   هُوَ مُسْلِمٌ.   الْبَابُ مُغْلَقٌ.

Elle est étudiante.   *Le café est délicieux.*   *Il est musulman.*   *La porte est fermée.*

| | **حُرُوفُ الْجَرِّ - تَابِع** | ٤ |

Les prépositions qui imposent le cas "jarr" - suite

Nous voyons ici une 5e préposition* parmi celles qui imposent le cas *jarr* au mot qui les suit :

الَّام [لِ] (*à / au / aux / pour*)

Son sens principal est **الْمِلْك** (*la possession*)

هَٰذَا الْبَيْتُ لِحَامِدٍ.

Cette maison est à Hâmid.

Quand لِ est suivie du mot الـ, on n'écrit pas la **hamzah** de liaison, cela fait donc **2 lâm à la suite** :

لِمَنْ ذَٰلِكَ الْكِتَابُ؟   هُوَ لِلْمُدَرِّسَةِ.

À qui est ce livre-là ?
Il est à l'enseignante.

لِمَنْ هَٰذَا الْبَيْتُ؟   هُوَ لِلتَّاجِرَةِ.

À qui est cette maison ?
Elle est à la commerçante.

---

* : les 4 premières avaient été vues dans la **leçon 4** (*voir page 10*)

NOTES   مُلَاحَظَاتٌ

الدَّرْسُ الثَّامِنُ
LEÇON 8

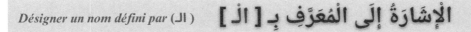

١ الإِشَارَةُ إِلَى الْمُعَرَّفِ بِـ [الْ]
Désigner un nom défini par (الـ)

هَٰذَا كِتَابٌ. ≠ هَٰذَا الْكِتَابُ ... ⟵ هَٰذَا الْكِتَابُ جَدِيدٌ.

C'est un livre. — *Ce livre ...* — *Ce livre est neuf.*

le verbe être est sous-entendu : | *le verbe être n'est pas sous-entendu entre eux :*
la phrase peut se terminer ici. | *la phrase n'est pas terminée !*

Autres exemples :

Cette voiture est neuve. — هَٰذِهِ السَّيَّارَةُ جَدِيدَةٌ.

Cet enfant est grand. — ذَٰلِكَ الْوَلَدُ طَوِيلٌ.

Je suis dans cette école. — أَنَا فِي تِلْكَ الْمَدْرَسَةِ.

٢ الظَّرْفُ - تَابِعٌ
le complément circonstanciel - suite

Après avoir vu le complément circonstanciel تَحْتَ (*sous*) dans la **leçon 5**, nous en voyons ici 2 autres :

La voiture est devant l'école. السَّيَّارَةُ أَمَامَ الْمَدْرَسَةِ. (*devant*) أَمَامَ - ١

Le tableau est derrière le professeur. السَّبُّورَةُ خَلْفَ الْمُدَرِّسِ. (*derrière*) خَلْفَ - ٢

الْمُضَافُ إِلَيْهِ ⸁ الْمُضَافُ

Remarque : du point de vue francophone on pourrait se dire que ce type de compléments circonstanciels fait partie des حُرُوفِ الْجَرِّ (*les prépositions qui imposent le cas jarr*) par rapport à leur traduction.

Mais en grammaire arabe, tout mot qui accepte au moins une marque distinctive du اِسْم (*nom*) ne pourra pas être dans la famille des حُرُوف (*prépositions*).
Parmi ces marques distinctives du nom, il y a le **tanewîne** et le fait de pouvoir être précédé de الـ.

٣ الاِسْمُ الْمَخْتُومُ بِالْأَلِفِ
le nom terminant par alif

Les terminaisons grammaticales, comme la **dammah** et la **kasrah**, ne peuvent pas se prononcer sur un **alif** qui n'a pas de **hamzah**, c'est pourquoi la prononciation des noms terminant par cette lettre ne change pas :

الْمُسْتَشْفَى ⟵ الْمُسْتَشْفَى بَعِيدٌ. فَاطِمَةُ فِي الْمُسْتَشْفَى.

l'hôpital — *L'hôpital est loin.* — *Fâtimah est à l'hôpital.*

NOTES   مُلَاحَظَاتٌ

الدَّرْسُ التَّاسِعُ
LEÇON 9

| l'adjectif | النَّعْتُ | ١ |

L'adjectif (النَّعْت) se place **après** le mot qu'il décrit (المَنْعُوت), et il s'accorde avec lui dans **4 points** :

- le genre (*masculin / féminin*) : التَّذْكِيرُ وَالتَّأْنِيثُ

- la définité (*défini / indéfini*) : التَّعْرِيفُ وَالتَّنْكِيرُ

- le cas grammatical : الْإِعْرَابُ ⟶ représenté par l'une des terminaisons (*dammah / fathah / kasrah*)

- le nombre (*singulier / duel / pluriel*) : الْإِفْرَادُ وَالتَّثْنِيَةُ وَالْجَمْعُ

المَنْعُوت⟶   ⟵النَّعْت

عَبَّاسٌ طَبِيبٌ شَهِيرٌ.   ⟵   عَبَّاسٌ طَبِيبٌ.

'Abbâs est un médecin célèbre.   *'Abbâs est médecin.*

السَّاعَةُ الْمَكْسُورَةُ فِي الْغُرْفَةِ.   ⟵   السَّاعَةُ فِي الْغُرْفَةِ.

La montre cassée est dans la chambre.   *La montre est dans la chambre.*

هُوَ فِي مَدْرَسَةٍ جَدِيدَةٍ.   ⟵   هُوَ فِي مَدْرَسَةٍ.

Il est dans une nouvelle école.   *Il est dans une école.*

الْكُوبُ لِلْمُدَرِّسِ الْجَدِيدِ.   ⟵   الْكُوبُ لِلْمُدَرِّسِ.

Le gobelet est au nouveau professeur.   *Le gobelet est au professeur.*

| مُلَاحَظَاتٌ

| le pronom relatif | الْاِسْمُ الْمَوْصُولُ | ٢ |

On vient de voir que pour ajouter une description on peut utiliser un **نَعْت** qui est une description en un seul mot.

Mais parfois la description qu'on veut ajouter ne peut pas se formuler en un seul mot, dans ce cas-là on utilisera un <u>pronom relatif</u> (اِسْمٌ مَوْصُولٌ) suivi d'une <u>précision en quelques mots</u> (صِلَةُ الْمَوْصُولِ).

En français le pronom relatif est invariable. Mais **en arabe il prend plusieurs formes selon le genre** (*masculin / féminin*) **et le nombre** (*singulier / duel / pluriel*). Nous voyons ici une première forme :

C'est un <u>pronom relatif</u> pour ce qui est **singulier masculin**.

اِسْمٌ مَوْصُولٌ لِلْمُفْرَدِ الْمُذَكَّرِ.　　　اَلَّذِي (*qui*)

الْمَنْعُوت　　النَّعْت　←　صِلَةُ الْمَوْصُول ←

الْقَلَمُ الَّذِي عَلَى الْمَكْتَبِ جَدِيدٌ.　←　الْقَلَمُ جَدِيدٌ.

Le stylo qui est sur le bureau est neuf.　　　*Le stylo est neuf.*

مَنْ هَٰذَا الرَّجُلُ الَّذِي خَرَجَ الْآنَ؟　←　مَنْ هَٰذَا الرَّجُلُ؟

Qui est cet homme qui est sorti à l'instant ?　　*Qui est cet homme ?*

| le descriptif de type فَعْلَان | الصِّفَةُ عَلَى وَزْنِ فَعْلَانَ | ٣ |

Les descriptifs sur la forme **فَعْلَان** ne portent pas de *tanewîne*. Nous en voyons 6 dans le tome 1 de Médine :

فَعْلَانُ

| مَلْآنُ | كَسْلَانُ | غَضْبَانُ | عَطْشَانُ | شَبْعَانُ | جَوْعَانُ |
| plein | paresseux | énervé | assoiffé | rassasié | affamé |

الْكُوبُ الَّذِي عَلَى الْمَكْتَبِ مَلْآنٌ.　　هَٰذَا طَالِبٌ كَسْلَانُ.

*Le gobelet qui est sur le bureau est **plein**.*　　*C'est un étudiant **paresseux**.*

<u>**Remarque**</u> : on dit que des mots sont sur telle ou telle forme (**وَزْن**) lorsqu'ils ont le même enchaînement de voyelles et de *soukoûn* que le modèle, et parfois ils ont aussi des lettres supplémentaires en commun, comme ici la terminaison **ان** .

NOTES   مُلَاحَظَاتٌ

الـدَّرْسُ الـعَـاشِـرُ
LEÇON 10

| *le pronom - suite* | الـضَّـمِـيـرُ - تَـابِـع | ١ |

Dans cette leçon, nous voyons les pronoms du singulier, dans leur 2 aspects : **attachés** et **détachés**

الضَّمَائِرُ الْمُتَّصِلَةُ
les pronoms attachés

Mon / ma / mes	ـِي
Ton / ta / tes *masc.*	ـكَ
Ton / ta / tes *fém.*	ـكِ
Son / sa / ses *masc.*	ـهُ
Son / sa / ses *fém.*	ـهَا

الضَّمَائِرُ الْمُنْفَصِلَةُ
les pronoms détachés

أَنَا	Je / moi
أَنْتَ	Tu / toi *masc.*
أَنْتِ	Tu / toi *fém.*
هُوَ	Il / lui
هِيَ	Elle

<u>*Quelques exemples*</u> :

Mon stylo est cassé.	قَلَمِـي مَكْسُورٌ.	*Je suis nouveau.*	أَنَا جَدِيدٌ.
		Je suis nouvelle.	أَنَا جَدِيدَةٌ.
Ton (h) stylo est cassé.	قَلَمُكَ مَكْسُورٌ.	*Tu es nouveau.*	أَنْتَ جَدِيدٌ.
Ton (f) stylo est cassé.	قَلَمُكِ مَكْسُورٌ.	*Tu es nouvelle.*	أَنْتِ جَدِيدَةٌ.
Son (h) stylo est cassé.	قَلَمُهُ مَكْسُورٌ.	*Il est nouveau.*	هُوَ جَدِيدٌ.
Son (f) stylo est cassé.	قَلَمُهَا مَكْسُورٌ.	*Elle est nouvelle.*	هِيَ جَدِيدَةٌ.

NOTES مُلَاحَظَاتٌ

٢	الـظَّرْفُ - تَابِعٌ	*le complément circonstanciel - suite*

Dans cette leçon, nous voyons 2 autres compléments circonstanciels utilisés en **annexion** (إِضَافَة) :

عِنْدَ (chez, près de) الْمُدَرِّسَةُ عِنْدَ الْمُدِيرَةِ. عَلِيٌّ عِنْدَ الطَّبِيبِ.

L'enseignante est chez la directrice. *Ali est chez le médecin.*

مَعَ (avec) ذَهَبَ حَامِدٌ مَعَ خَالِدٍ. مَنْ مَعَ الْمُدِيرِ؟ مَعَهُ أَخِي.

Hâmid est parti avec Khâlid. *Qui est avec le directeur ?*
Avec lui (il y a) mon frère.

٣	الْعَلَمُ الْمُذَكَّرُ الْمَخْتُومُ بِـ[ة]	*le nom propre masculin finissant par ة*

Le nom propre masculin finissant par **ة** ne portera pas de *tanewîne* :

حَمْزَةُ   مُعَاوِيَةُ   طَلْحَةُ   ...

٤	أَبُوكَ - أَخُوكَ	*la particularité des mots "père" et "frère"*

Les mots أَب et أَخ auront un و de prolongation quand ils sont 1er mot de l'annexion (مُضَاف), à part quand le 2e mot de l'annexion (مُضَاف إِلَيْه) est le pronom attaché ـِي :

Son (f) père est médecin et son frère est ingénieur. أَبُوهَا طَبِيبٌ وَأَخُوهَا مُهَنْدِسٌ.

Où est ton père (h) ? Mon père est au marché. أَيْنَ أَبُوكَ؟ أَبِي فِي السُّوقِ.

Le frère de Hâmid est dans le magasin. أَخُو حَامِدٍ فِي الدُّكَّانِ.

NOTES مُلَاحَظَاتٌ

Le verbe avoir   ٥

Dans cette leçon, on apprend à exprimer le verbe *avoir* sans utiliser un verbe, mais en utilisant la **préposition** لِ ou le **complément circonstanciel** عِنْدَ :

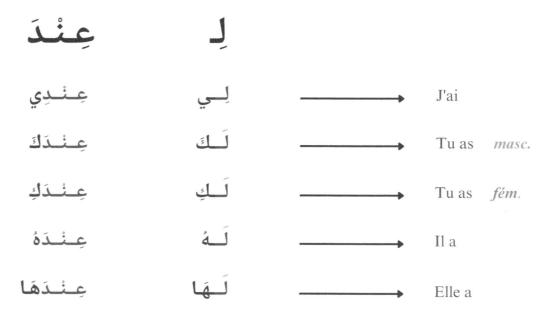

	لِ		
عِنْدَ			
عِنْدِي	لِي	⟶	J'ai
عِنْدَكَ	لَكَ	⟶	Tu as *masc.*
عِنْدَكِ	لَكِ	⟶	Tu as *fém.*
عِنْدَهُ	لَهُ	⟶	Il a
عِنْدَهَا	لَهَا	⟶	Elle a

Différence entre لِ et عِنْدَ quand on veut exprimer le verbe *avoir*

- On peut utiliser لِ <u>dans toutes les situations</u>, que cela concerne des doués de raison ou non :

أَلَكَ كِتَابٌ؟   لِي أُخْتٌ وَاحِدَةٌ.

As-tu un livre ?   **J'ai** une seule sœur.

- On <u>ne peut utiliser عِنْدَ que</u> lorsque cela concerne des **non-doués de raison** (غَيْر الْعَاقِل) :

أَعِنْدَهُ أَخٌ؟   عِنْدِي كِتَابٌ.

A t-il un frère ?   **J'ai** un livre.

مُلَاحَظَاتٌ

الدَّرْسُ الْحَادِيَ عَشَرَ وَالدَّرْسُ الثَّانِيَ عَشَرَ

LEÇONS 11 ET 12

		١
dedans il y a	**فِيهِ - فِيهَا**	

Pour dire **"dedans il y a"** on utilisera **فِيهِ** si le lieu dont on parle est <u>masculin</u> en arabe, et on utilisera **فِيهَا** si le lieu dont on parle est <u>féminin</u> :

مَنْ فِي الْمَكْتَبِ؟ مَا فِيهِ أَحَدٌ.

بَيْتِي فِيهِ حَدِيقَةٌ.

Qui est dans le bureau ? **Dedans il** n'y a *personne.*

Dans ma maison il y a un jardin.

(<u>litt.</u> : *Ma maison,* **dedans il y a** *un jardin.*)

مَنْ فِي الْمَكْتَبَةِ؟ مَا فِيهَا أَحَدٌ.

غُرْفَتِي فِيهَا سَرِيرٌ.

Qui est dans la librairie ? **Dedans il** n'y a *personne.*

Dans ma chambre il y a un lit.

(<u>litt.</u> : *Ma chambre,* **dedans il y a** *un lit.*)

		٢
le pronom relatif - suite	**الِاسْمُ الْمَوْصُولُ - تَابِع**	

Nous voyons ici un autre **pronom relatif** (**اِسْمٌ مَوْصُولٌ**) :

(*qui*) **الَّتِي**   اِسْمٌ مَوْصُولٌ لِلْمُفْرَدِ الْمُؤَنَّثِ.   C'est un <u>pronom relatif</u> pour le **singulier féminin**.

الْمَنْعُوت ← النَّعْت ← صِلَةُ الْمَوْصُول ←

السَّاعَةُ الَّتِي عَلَى الْمَكْتَبِ جَدِيدَةٌ. ←—— السَّاعَةُ جَدِيدَةٌ.

La montre qui est sur le bureau est neuve.   *La montre est neuve.*

مَنِ الْفَتَاةُ الَّتِي خَرَجَتِ الْآنَ؟ ←—— مَنِ الْفَتَاةُ؟

Qui est la jeune femme qui est sortie à l'instant ?   *Qui est la jeune femme ?*

		٣
Le verbe au passé - suite	**الْفِعْلُ الْمَاضِي - تَابِع**	

Dans cette leçon, nous voyons la conjugaison du verbe au passé à la **3e personne du singulier féminin**, qui finit par la préposition **تَاءُ التَّأْنِيثِ** (*tâ' du féminin*). Cette préposition indique que le sujet est féminin, et elle porte *soukoûn* à la base. Mais elle portera la *kasrah* quand elle est suivie d'une *hamzah* de liaison :

أَيْنَ الْمُدَرِّسَةُ؟ خَرَجَتْ.

جَلَسَتِ الطَّالِبَةُ.

ذَهَبَتْ آمِنَةُ إِلَى الْمَسْجِدِ.

Où est l'enseignante ? [Elle] **est sortie**.

L'étudiante s'est assise.

Amina est partie à la mosquée.

مُلَاحَظَاتٌ

الدَّرْسُ الثَّالِثَ عَشَرَ
LEÇON 13

le pluriel	الْجَمْعُ	١

À partir de 3, on utilise le **pluriel** (الْجَمْعُ). Et il existe 3 types de pluriel :

١ - جَمْعُ الْمُذَكِّرِ السَّالِمُ (*pluriel masculin régulier*)

En ajoutant **ونَ** à son singulier

مُجْتَهِدٌ : **مُجْتَهِدُونَ**
studieux (plur.)

مُدَرِّسٌ : مُدَرِّسُـونَ
professeurs

مُسْلِمٌ : مُسْلِمُـونَ
musulmans

٢ - جَمْعُ الْمُؤَنَّثِ السَّالِمُ (*pluriel féminin régulier*)

certains d'entre eux ne sont pas tout à fait réguliers

Finit part **ات** , sans conserver **ة**

بِنْتٌ : بَنَاتٌ
filles

سَيَّارَةٌ : سَيَّارَاتٌ
voitures

مُسْلِمَةٌ : مُسْلِمَاتٌ
musulmanes

٣ - جَمْعُ التَّكْسِيرِ (*pluriel modifié*)

La base du singulier a subi une modification.
Et ils n'ont pas de terminaison commune !

شَيْخٌ : شُيُوخٌ
hommes âgés

طَالِبٌ : طُلَّابٌ
étudiants

رَجُلٌ : رِجَالٌ
hommes

Le verbe au passé - suite	الْفِعْلُ الْمَاضِي - تَابِع	٢

Dans cette leçon, nous voyons la conjugaison du verbe au passé à la **3e personne du pluriel masculin** :

أَيْنَ إِخْوَتُكَ؟ **ذَهَبُـوا** إِلَى الْمَسْجِدِ.

*Où sont tes frères ? Ils **sont partis** à la mosquée.*

الطُّلَّابُ **خَرَجُـوا** مِنَ الْجَامِعَةِ.

*Les étudiants **sont sortis** de l'université.*

Et à la **3e personne du pluriel féminin** :

أَيْنَ بَنَاتُكَ؟ **ذَهَبْـنَ** إِلَى الْمَسْجِدِ.

*Où sont tes filles ? Elles **sont parties** à la mosquée.*

الطَّالِبَاتُ **خَرَجْـنَ** مِنَ الْجَامِعَةِ.

*Les étudiantes **sont sorties** de l'université.*

NOTES | مُلَاحَظَاتٌ

le pronom démonstratif - suite	**إِسْمُ الْإِشَارَةِ - تَابِـعٌ** ٣

Dans cette leçon, nous voyons 2 autres **pronoms démonstratifs** :

١ - **هَـٰؤُلَاءِ**

(*Voici, ce, ceux-ci, celles-ci*)

C'est un <u>pronom démonstratif</u> pour désigner
ce qui est **pluriel, proche** et **doué de raison**.

اِسْـمُ إِشَارَةٍ لِلْجَمْعِ الْقَرِيبِ الْعَاقِلِ

هَـٰؤُلَاءِ رِجَالٌ.   هَـٰؤُلَاءِ طَالِبَاتٌ.

Voici des hommes.   *Voici des étudiantes.*

٢ - **أُولَـٰئِكَ** *

(*Voilà, ce, ceux-là, celles-là*)

C'est un <u>pronom démonstratif</u> pour désigner
ce qui est **pluriel, éloigné** et **doué de raison**.

اِسْـمُ إِشَارَةٍ لِلْجَمْعِ الْبَعِيدِ الْعَاقِلِ

أُولَـٰئِكَ مُدَرِّسَاتٌ.   أُولَـٰئِكَ طُلَّابٌ.

Voilà des enseignantes.   *Voilà des étudiants.*

le pronom - suite	**الـضَّـمِـيـرُ - تَـابِـعٌ** ٤

Dans cette leçon, nous voyons les pronoms de la **3e personne du pluriel**, masculins et féminins,
dans leur 2 aspects : **attachés** et **détachés**

         مُتَّصِل   مُنْفَصِل
         attaché   *détaché*

Leur(s) *masc.*   ـهُمْ   Ils / eux   هُمْ

Leur(s) *fém.*   ـهُنَّ   Elles   هُنَّ

<u>*Exemples*</u> :

Leur (h) maison est proche.   بَيْتُـهُمْ قَرِيبٌ.   *Ils sont nouveaux.*   هُمْ جُدُدٌ.

Leur (f) maison est proche.   بَيْتُـهُنَّ قَرِيبٌ.   *Elles sont nouvelles.*   هُنَّ جُدُدٌ.

écrire ء sur un و	**رَسْمُ الْهَمْزَةِ عَلَى الْوَاوِ** ٥

Quand les mots finissant par **ء** sont suivis d'un pronom attaché et que la *hamzah* porte une *dammah*,
alors on écrira la *hamzah* sur un *wâw* (**ؤ**) :

أَيْنَ أَصْدِقَاؤُكَ؟   أَصْدِقَاءُ زَيْدٍ طِوَالٌ.   عَبَّاسٌ لَهُ أَصْدِقَاءُ.

Où sont tes amis ?   *Les amis de Zayd sont grands.*   *Abbâs a des amis.*

---

* : la lettre و écrite dans le mot أُولَـٰئِكَ ne se prononce pas. Il ne faudra donc pas faire de prolongation à l'oral.
     Et le petit *alif* indique qu'il y a une prolongation à faire à l'oral, mais il n'est pas obligatoire de l'écrire

NOTES مُلَاحَظاتٌ

الدَّرْسُ الرَّابِعَ عَشَرَ وَالدَّرْسُ الْخَامِسَ عَشَرَ

LEÇONS 14 ET 15

---

le nom interrogatif - suite	إِسْمُ الِاسْتِفْهَامِ - تَابِع	١

C'est un <u>nom interrogatif</u>
qui est **1er mot d'une annexion**.

أَيّ (*quel, quelle ?*) : اِسْمُ اسْتِفْهَامٍ مُضَافٌ.

فِي أَيِّ مَدْرَسَةٍ أَنْتَ؟   أَيُّ شَهْرٍ هَذَا؟   أَيُّ طَالِبٍ خَرَجَ؟

*Dans **quelle** école es-tu ?*   ***Quel** mois est-on ?*   ***Quel** étudiant est sorti ?*

C'est un <u>nom interrogatif</u>
pour questionner sur le **temps**.

مَتَى (*quand ?*) : اِسْمُ اسْتِفْهَامٍ لِلسُّؤَالِ عَنِ الزَّمَانِ.

مَتَى الدَّرْسُ؟   مَتَى خَرَجُوا؟

Quand aura lieu le cours ?   *Quand sont-ils sortis ?*

---

le complément circonstanciel - suite	الظَّرْفُ - تَابِع	٢

Dans cette leçon nous voyons 2 autres compléments circonstanciels utilisés en **annexion** (إِضَافَة) :

قَبْلَ (*avant, il y a*)

ذَهَبَ أَبِي قَبْلَ أُسْبُوعٍ.   ذَهَبَتْ قَبْلَ الْأَذَانِ.

*Mon père est parti **il y a** une semaine.*   *Elle est partie **avant** l'appel (à la prière).*

بَعْدَ * (*après, dans*)

الْعِيدُ بَعْدَ شَهْرٍ.   الدَّرْسُ بَعْدَ الْفَجْرِ.

*Le 'îd est **dans** un mois.*   *Le cours est **après** (la "prière" de) l'aube.*

---

le nom propre qui n'est pas arabe	الْعَلَمُ الْأَعْجَمِيُّ	٣

Le nom propre **qui n'est pas arabe** ne porte pas de *tanewîne* :

لَنَدَنْ ⊖   إِيرَانُ   بَارِيسُ   وِلْيَمُ   يُوسُفُ

Londres   *Iran*   *Paris*

---

* : ce mot est présent dans un exercice de la leçon 12, mais nous le citons ici car c'est dans la leçon 15 qu'il y a
un exercice qui lui est consacré

NOTES   مُلَاحَظَاتٌ

le pronom - suite	**الضَّمِيرُ - تَابِع** ٤

Dans cette leçon, nous voyons les pronoms de la **2e personne du pluriel**, masculins et féminins, ainsi que le pronom de la **1re personne du pluriel**, dans leur 2 aspects : **attachés** et **détachés**

مُتَّصِل
attaché

مُنْفَصِل
détaché

attaché		détaché	
Notre / nos	ـــنَا	Nous	نَحْنُ
Votre / vos *masc.*	ـــكُمْ	Vous *masc.*	أَنْتُمْ
Votre / vos *fém.*	ـــكُنَّ	Vous *fém.*	أَنْتُنَّ

Exemples :

Notre maison est proche.	بَيْتُنَا قَرِيبٌ.	*Nous* sommes nouveaux / nouvelles.	نَحْنُ جُدُدٌ.
Votre (h) maison est proche.	بَيْتُكُمْ قَرِيبٌ.	*Vous* (h) êtes nouveaux.	أَنْتُمْ جُدُدٌ.
Votre (f) maison est proche.	بَيْتُكُنَّ قَرِيبٌ.	*Vous* (f) êtes nouvelles.	أَنْتُنَّ جُدُدٌ.

Le verbe au passé - suite	**الْفِعْلُ الْمَاضِي - تَابِع** ٥

Dans cette leçon, nous voyons la suite de la conjugaison du verbe au passé :

Nous sommes parti(e)s	نَحْنُ : ذَهَبْنَا	*Je* suis parti(e)	أَنَا : ذَهَبْتُ
Vous êtes partis *masc.*	أَنْتُمْ : ذَهَبْتُمْ	*Tu* es parti *masc.*	أَنْتَ : ذَهَبْتَ
Vous êtes parties *fém.*	أَنْتُنَّ : ذَهَبْتُنَّ	*Tu* es partie *fém.*	أَنْتِ : ذَهَبْتِ

Exemples :

Nous sommes revenu(e)s au village.	رَجَعْنَا إِلَى الْقَرْيَةِ.	*Je* suis revenu(e) au village.	رَجَعْتُ إِلَى الْقَرْيَةِ.
Où êtes-vous (h) partis ?	أَيْنَ ذَهَبْتُمْ؟	*Où* es-tu (h) parti ?	أَيْنَ ذَهَبْتَ؟
Où êtes-vous (f) parties ?	أَيْنَ ذَهَبْتُنَّ؟	*Où* es-tu (f) partie ?	أَيْنَ ذَهَبْتِ؟

NOTES　　　　　　　　　　　مُلَاحَظَاتٌ

الدَّرْسُ السَّادِسَ عَشَرَ وَالدَّرْسُ السَّابِعَ عَشَرَ
LEÇONS 16 ET 17

| *le pluriel non-doué de raison* | جَمْعُ غَيْرِ الْعَاقِلِ |

Quand on utilise un mot pluriel, il faut d'abord regarder s'il indique des **doués de raison** (*êtres humains, anges, jinn*) ou des **non-doués de raison** (*animaux, végétaux, astres, objets, bâtiments ...*)

- S'il indique des **doués de raison**, alors les mots qui seront autour de lui et qui devront s'accorder avec lui seront eux aussi au **pluriel** :

مَنْ أُولَئِكَ **الرِّجَالُ** الطِّوَالُ؟ هُمْ **أَطِبَّاءُ** مِنَ الْعِرَاقِ.   أَيْنَ **الْبَنَاتُ**؟ ذَهَبْنَ إِلَى الْمَلْعَبِ.

*Où sont les **filles** ?*   *Qui sont ces **hommes** grands (de taille) ?*
Elles sont parties au terrain de jeu.   *Ce sont des **docteurs** d'Irak.*

- S'il indique des **non-doués de raison**, alors les mots qui seront autour de lui et qui devront s'accorder avec lui <u>seront automatiquement</u> au **singulier féminin***, peu importe que ces mots soient à la base masculins ou féminins :

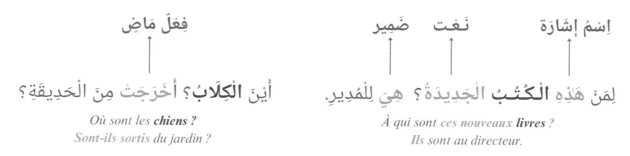

أَيْنَ **الْكِلَابُ**؟ أَخْرَجَتْ مِنَ الْحَدِيقَةِ؟   لِمَنْ هَذِهِ **الْكُتُبُ** الْجَدِيدَةُ؟ هِيَ لِلْمُدِيرِ.

*Où sont les **chiens** ?*   *À qui sont ces nouveaux **livres** ?*
Sont-ils sortis du jardin ?   *Ils sont au directeur.*

Alors qu'au <u>singulier</u> on aurait dit :

أَيْنَ **الْكَلْبُ**؟ أَخْرَجَ مِنَ الْحَدِيقَةِ؟   لِمَنْ هَذَا **الْكِتَابُ** الْجَدِيدُ؟ هُوَ لِلْمُدِيرِ.

<u>Autres exemples</u> :

هَذِهِ **الْبُيُوتُ** أَبْوَابُـهَا جَدِيدَةٌ.   هَذِهِ **الْأَبْوَابُ** مَفْتُوحَةٌ.   تِلْكَ **النَّوَافِذُ** مُغْلَقَةٌ.

*Ces **maisons**, leurs **portes** sont nouvelles.*   *Ces **fenêtres**-là sont fermées.*   *Ces **portes** sont ouvertes.*

---

* : Cette règle peut paraître incompréhensible d'un point de vue francophone, mais sachez qu'elle est beaucoup utilisée !

NOTES

مُلَاحَظَاتٌ

الدَّرْسُ الثَّامِنَ عَشَرَ
LEÇON 18

| *le duel* | الْمُثَنَّى | ١ |

Du point de vue du <u>nombre</u>, le **nom** (اِسم) se divise en **3** :

- le *singulier* (الْمُفْرَد), qui désigne 1 seul élément

- le *duel* (الْمُثَنَّى), qui désigne 2 éléments

- le *pluriel* (الْجَمْع), qui désigne 3 éléments ou plus

Pour former le *duel*, on part du *singulier* et on rajoute la terminaison اِن :

أَخٌ : أَخَوَانِ   سَاعَةٌ : سَاعَتَانِ   قَلَمٌ : قَلَمَانِ   وَلَدٌ : وَلَدَانِ

2 frères   *2 montres*   *2 stylos*   *2 enfants*

Exemples :

أَمَامَ الْمَدْرَسَةِ سَيَّارَتَانِ جَدِيدَتَانِ.   الْبَابَانِ الْكَبِيرَانِ مَفْتُوحَانِ.

*Devant l'école il y a 2 **voitures neuves**.*   ***Les 2 grandes portes** sont **ouvertes**.*

| *le pronom démonstratif - suite* | اِسْمُ الْإِشَارَةِ - تَابِع | ٢ |

Dans cette leçon, nous voyons les *pronoms démonstratifs* pour le **duel proche** :

١ - هَـٰذَانِ

(*voici, ceci , ceux-ci*)

C'est un <u>pronom démonstratif</u> pour désigner ce qui est **duel**, **masculin** et **proche**.

اِسْمُ إِشَارَةٍ لِلْمُثَنَّى الْمُذَكَّرِ الْقَرِيبِ.

هَـٰذَانِ كِتَابَانِ.   هَـٰذَانِ جَمَلَانِ.   هَـٰذَانِ وَلَدَانِ.

Voici 2 livres.   *Ce sont 2 chameaux.*   *Voici 2 enfants.*

٢ - هَاتَانِ

(*voici, ceci , celles-ci*)

C'est un <u>pronom démonstratif</u> pour désigner ce qui est **duel**, **féminin** et **proche**.

اِسْمُ إِشَارَةٍ لِلْمُثَنَّى الْمُؤَنَّثِ الْقَرِيبِ.

هَاتَانِ سَاعَتَانِ.   هَاتَانِ نَاقَتَانِ.   هَاتَانِ طَالِبَتَانِ.

Voici 2 montres.   *Voici 2 chamelles.*   *Voici 2 étudiantes.*

NOTES   مُلَاحَظَاتٌ

| *le pronom - suite* | الـضَّـمِـيـر - تَـابِـع | ٣ |

Dans cette leçon, nous voyons le pronom de la **3e personne du duel**. On utilise le même pour le masculin et le féminin :

مُتَّصِل
attaché

هُـمَـا ــهُـمَـا

Leur (2) / leurs (2)

مُنْفَصِل
détaché

هُـمَـا

Ils (2) / eux (2) / elles (2)

Exemples :

Leur maison est proche.   بَيْتُـهُـمَـا قَرِيبٌ.

Où sont leurs frères ?   أَيْنَ إِخْوَتُـهُـمَا؟

Ils (2) sont nouveaux.   هُـمَـا جَدِيدَانِ.

Elles (2) sont nouvelles.   هُـمَـا جَدِيدَتَانِ.

| *le nom interrogatif - suite* | إِسْمُ الِاسْتِفْهَام - تَـابِـع | ٤ |

C'est un **nom interrogatif** pour questionner sur le **nombre**.

كَمْ (*combien ?*)   :   إِسْمُ اسْتِفْهَامٍ لِلسُّؤَالِ عَنِ الْعَدَدِ.

كَمْ بَقَرَةً فِي الْحَقْلِ؟
Combien de vaches y a-t-il dans le champ ?

كَمْ مَسْجِدًا فِي مَدِينَتِكَ؟
Combien de mosquées y a-t-il dans ta ville ?

كَمْ أَخًا لَكَ؟
Combien de frères as-tu ?

Le تَمْيِيز (*spécificatif*) permet de préciser ce pour quoi on demande le nombre. Il n'est pas indispensable dans la structure de la phrase. Mais sans lui, la personne à qui on demande risque de ne pas savoir de quoi on parle.

Le *spécificatif* doit :

- *être singulier* (مُفْرَد)
- *terminé par la* **fathah** (مَنْصُوب)
- *être indéfini* (نَكِرَة)

Dans certains cas, il n'y a pas besoin de citer le **spécificatif**, car le contexte est clair. Par exemple, quand on demande le prix d'une marchandise, on n'a pas toujours besoin de préciser la monnaie dans laquelle on parle :

كَمْ ثَمَنُ تِلْكَ الدَّرَّاجَةِ؟   ← sous-entendu ←   كَمْ رِيَالًا ثَمَنُ تِلْكَ الدَّرَّاجَةِ؟   /   كَمْ دُولَارًا ... ؟

Combien ... en dollars ?   **Combien** est le prix de ce vélo en rials ?   **Combien** est le prix de ce vélo ?

NOTES   مُلَاحَظَاتٌ

الـدَّرْسُ التَّاسِعَ عَشَرَ وَالـدَّرْسُ الْعِشْرُونَ
LEÇONS 19 ET 20

le chiffre / nombre de 3 à 10 et son dénombré — الْعَدَدُ وَالْمَعْدُودُ مِنْ ٣ إِلَى ١٠

Pour indiquer des éléments dont **le nombre est compris entre 3 et 10**, on appliquera ce qui suit :

- ils sont assemblés en **إضافة** (*annexion*) : d'abord الْعَدَد (*chiffre / nombre*) puis الْمَعْدُود (*dénombré*)
- le *chiffre / nombre* s'oppose au *dénombré* dans le genre
- le *dénombré* est au pluriel et est **majroûr** (*terminant par kasrah sauf exception*)

مَعَ الْمَعْدُودِ الْمُؤَنَّثِ — avec le dénombré féminin | مَعَ الْمَعْدُودِ الْمُذَكَّرِ — avec le dénombré masculin

3 femmes	ثَلَاثُ نِسَاءٍ	٣	ثَلَاثَةُ رِجَالٍ	3 hommes
4 femmes	أَرْبَعُ نِسَاءٍ	٤	أَرْبَعَةُ رِجَالٍ	4 hommes
5 femmes	خَمْسُ نِسَاءٍ	٥	خَمْسَةُ رِجَالٍ	5 hommes
6 femmes	سِتُّ نِسَاءٍ	٦	سِتَّةُ رِجَالٍ	6 hommes
7 femmes	سَبْعُ نِسَاءٍ	٧	سَبْعَةُ رِجَالٍ	7 hommes
8 femmes	ثَمَانِي نِسَاءٍ	٨	ثَمَانِيَةُ رِجَالٍ	8 hommes
9 femmes	تِسْعُ نِسَاءٍ	٩	تِسْعَةُ رِجَالٍ	9 hommes
10 femmes	عَشْرُ نِسَاءٍ	١٠	عَشَرَةُ رِجَالٍ	10 hommes

Remarques :
- La lettre **ش** dans le **mot 10** porte *fathah* quand le dénombré est masculin, et *soukoûn* quand il est féminin.
- Quand le **mot 8** est suivi d'un dénombré féminin, il ne porte pas *dammah* comme les autres, mais il finit par une prolongation

Quelques exemples :

صَلَاةُ الظُّهْرِ بَعْدَ سَبْعِ سَاعَاتٍ. — La "prière" du midi est dans 7 heures.

لِي أَرْبَعَةُ إِخْوَةٍ وَخَمْسُ أَخَوَاتٍ. — J'ai 4 frères et 5 sœurs.

NOTES

مُلَاحَظَاتٌ

مِنَ الدَّرْسِ الْحَادِي وَالْعِشْرِينَ إِلَى الدَّرْسِ الثَّالِثِ وَالْعِشْرِينَ
LEÇONS 21 À 23

le nom privé de tanewîne | الْمَمْنُوعُ مِنَ الصَّرْفِ

Certains noms ne portent jamais *tanewîne*. Ceux qui sont dans ce livre* peuvent être classés ainsi :

زَيْنَبُ ، فَاطِمَةُ ، مَكَّةُ ، حَمْزَةُ ...   :   ١ مُؤَنَّثٌ *féminin*   أ - عَـــلَـــم :
A - nom propre

سُفْيَانُ ، عُثْمَانُ ، مَرْوَانُ ، رَمَضَانُ ...   :   ٢ مَخْتُومٌ بِـ[ان] زَائِدَتَيْنِ
terminant pas l'ajout de ان

أَحْمَدُ ، أَنْوَرُ ، أَخْتَرُ ، أَكْرَمُ ...   :   ٣ عَلَى وَزْنِ [أَفْعَل]
sur la forme ...

يَعْقُوبُ ، وِلْيَمُ ، بَارِيس ، بَاكِسْتَانُ ...   :   ٤ أَعْجَمِيٌّ *non-arabe*

أَبْيَضُ ، أَحْمَرُ ، أَزْرَقُ ، أَسْوَدُ ...   :   ١ عَلَى وَزْنِ [أَفْعَل]   ب - صِـــفَـــة :
noir   bleu   rouge   blanc   *B - descriptif*

جَوْعَانُ ، كَسْلَانُ ، عَطْشَانُ ، غَضْبَانُ ...   :   ٢ عَلَى وَزْنِ [فَعْلَان]
énervé   assoiffé   paresseux   affamé

مَسَاجِدُ ، مَكَاتِبُ ، دَفَاتِرُ ، فَنَادِقُ ...   :   ١ عَلَى وَزْنِ [مَفَاعِل]   ج - جَمْعُ تَكْسِيرٍ :
hôtels   cahiers   bureaux   mosquées   *C - pluriel modifié*

مَفَاتِيحُ ، مَنَادِيلُ ، فَنَاجِينُ ، كَرَاسِيُّ ...   :   ٢ عَلَى وَزْنِ [مَفَاعِيل]
chaises   tasses   mouchoirs   clés

أَغْنِيَاءُ ، أَصْدِقَاءُ ، أَقْوِيَاءُ ، أَطِبَّاءُ ...   :   ٣ عَلَى وَزْنِ [أَفْعِلَاء]
médecins   forts   amis   riches

فُقَرَاءُ ، وُزَرَاءُ ، زُمَلَاءُ ، عُلَمَاءُ ...   :   ٤ عَلَى وَزْنِ [فُعَلَاء]
savants   camarades(h)   ministres   pauvres

<u>Remarque</u> : ces mots ne sont pas مَجْرُور en terminant par la كَسْرَة comme ce qui est la base.
Mais ils sont مَجْرُور en terminant par la فَتْحَة :

فِي بَاكِسْتَانَ مَسَاجِدُ كَثِيرَةٌ.   قَلَمُ زَيْنَبَ أَحْمَرُ.   ذَهَبَ أَحْمَدُ إِلَى إِبْرَاهِيمَ.
*Au **Pakistan** il y a beaucoup de mosquées.   Le stylo de **Zayneb** est rouge.   Ahmed est parti voir **Ibrâhîm**.*

---

* : la liste citée ici est incomplète, elle est complétée **à la fin du tome 4** et présentée de manière différente

NOTES   مُلَاحَظَاتٌ

1 - *Le mot*   الْكَلِمَة

Il se divise en **3 catégories** : *le nom* (اِسم), *le verbe* (فِعْل) et *la préposition* (حَرْف)

Voici les sous-familles qui ont été vues dans ce livre :

1 - *Le nom*   الاسم

a - le pronom	أ - الضَّمِيـر (أَنَا، أَنْتَ، هُوَ ...)
b - le nom propre	ب - الْعَلَم (سَعِيدٌ، مَكَّةُ، سُفْيَانُ ...)
c - le pronom démonstratif	ج - اِسْمُ الإِشَارَة (هَذَا، تِلْكَ، هَؤُلَاءِ ...)
d - le pronom relatif	د - الاِسْمُ الْمَوْصُول (الَّذِي، الَّتِي ...)
e - le nom interrogatif	هـ - اِسْمُ الاِسْتِفْهَام (مَنْ، أَيْنَ، كَيْفَ ...)
f - le complément circonstanciel (*temps/lieu*)	و - الظَّرْف (قَبْلَ، أَمَامَ، مَعَ ...)
g - le descriptif	ز - الصِّفَـة (وَاقِفٌ، كَبِيرٌ، كَسْلَانُ ...)

2 - *Le verbe*   الفِـعْـل

a - l'accompli	أ - الْمَاضِي (ذَهَبَ، خَرَجْتُ، جَلَسْتُنَّ ...)
b - l'inaccompli	ب - الْمُضَارِع (أُحِبُّ، نُحِبُّ ...) *nous aimons* *j'aime*
c - l'impératif	ج - الأَمْر (إِقْرَأْ، أُكْتُبْ ...) *écris !* *lis !*

3 - *La préposition*   الحَـرْف

a - la préposition interrogative	أ - حَرْفُ الاِسْتِفْهَام (أَ، هَلْ ...)
b - la préposition de réponse	ب - حَرْفُ الْجَوَاب (نَعَم، لَا ...)
c - la préposition de définité	ج - حَرْفُ التَّعْرِيف (أَلْ)
d - la préposition d'appel	د - حَرْفُ النِّدَاء (يَا ...)
e - la préposition de négation	هـ - حَرْفُ النَّفْي (مَا ...)
f - la préposition imposant le cas *jarr*	و - حَرْفُ الْجَرّ (فِي، عَلَى، مِنْ ...)
g - la préposition de coordination	ز - حَرْفُ الْعَطْف (وَ، أَمْ ...)

2 - le pronom (personnel et/ou possessif) الضَّمِير

الْمُتَّصِل	الْمُنْفَصِل	الرُّتْبَة
attaché	*détaché*	*personne*
ـِي *mon / ma / mes*	أَنَا *je / moi*	الْمُتَكَلِّم *1re personne*
ـنَا *notre / nos*	نَحْنُ *nous*	
ـكَ *ton / ta / tes (h)*	أَنْتَ *tu / toi (h)*	الْمُخَاطَب *2e personne*
ـكِ *ton / ta / tes (f)*	أَنْتِ *tu / toi (f)*	
ـكُمَا *votre / vos (2)*	أَنْتُمَا *vous (2)*	
ـكُمْ *votre / vos (h)*	أَنْتُمْ *vous (h)*	
ـكُنَّ *votre / vos (f)*	أَنْتُنَّ *vous (f)*	
ـهُ *son / sa / ses (à lui)*	هُوَ* *il / lui*	الْغَائِب *3e personne*
ـهَا *son / sa / ses (à elle)*	هِيَ */** *elle*	
ـهُمَا *leur(s) (à eux 2 / elles 2)*	هُمَا *ils / eux (2), elles (2)*	
ـهُمْ *leur(s) (à eux)*	هُمْ *ils / eux*	
ـهُنَّ *leur(s) (à elles)*	هُنَّ *elles*	

(h) : masculin   (f) : féminin   (2) : duel

* : si les pronoms هُوَ et هِيَ remplacent ce qui n'est pas doué de raison, alors leur traduction peut passer du *masc* au *fém* et inversement, selon leur genre en français.

Ex :   أَيْنَ الْبَابُ؟ هُوَ هُنَاكَ.   (*Où est la porte ? Elle est là-bas.*)

** : le pronom هِيَ sera traduit par *ils* ou *elles* quand il remplace le pluriel de ce qui n'est pas doué de raison.

Ex :   أَيْنَ الْأَقْلامُ؟ هِيَ هُنَاكَ.   (*Où sont les stylos ? Ils sont là-bas.*)

3 - le nom propre	**الْعَلَم**

C'est un nom par lequel on nomme une personne, un lieu ou un mois :

مُحَمَّدٌ / الرِّيَاضُ / الْكُوَيتُ / شَوَّالٌ ...

Certains d'entre eux sont **مَمْنُوع مِنَ الصَّرْف** (privés de *tanewîne*) :

مَكَّةُ / رَمَضَانُ / أَحْمَدُ / يُوسُفُ ...

4 - le pronom démonstratif	**إِسْمُ الإِشَارَة**

C'est ce qui permet de montrer ce qui est doué de raison ou non, proche ou éloigné :

	لِلْقَرِيب			
				proche
جَمْعُ غَيرِ الْعَاقِل *pluriel non-doué de raison*	جَمْعُ الْعَاقِل *pluriel doué de raison*	الْمُثَنَّى *duel*	الْمُفْرَد *singulier*	
		هَذَانِ *voici, ce sont ...*	هَذَا *voici, ceci ...*	الْمُذَكَّر *masculin*
هَذِهِ *voici, ce sont ...*	هَؤُلَاءِ *voici, ce sont, ceux-ci, celles-ci ...*	هَاتَانِ *voici, ce sont ...*	هَذِهِ *voici, ceci ...*	الْمُؤَنَّث *féminin*

	لِلْبَعِيد			
				éloigné
جَمْعُ غَيرِ الْعَاقِل *pluriel non-doué de raison*	جَمْعُ الْعَاقِل *pluriel doué de raison*	الْمُثَنَّى *duel*	الْمُفْرَد *singulier*	
		ذَانِكَ* *voilà, ce sont ...*	ذَلِكَ *voilà, cela ...*	الْمُذَكَّر *masculin*
تِلْكَ *voilà, ce sont ...*	أُولَئِكَ** *voilà, ce sont, ceux-là, celles-là ...*	تَانِكَ* *voilà, ce sont ...*	تِلْكَ *voilà, cela ...*	الْمُؤَنَّث *féminin*

هَذَا رَجُلٌ. / هَذِهِ بِنْتٌ. / هَذَانِ جَمَلَانِ. / هَاتَانِ نَاقَتَانِ. / هَؤُلَاءِ رِجَالٌ. / هَذِهِ بُيُوتٌ.

ذَلِكَ رَجُلٌ. / تِلْكَ بِنْتٌ. / ذَانِكَ* جَمَلَانِ. / تَانِكَ* نَاقَتَانِ. / أُولَئِكَ* رِجَالٌ. / تِلْكَ بُيُوتٌ.

---

* : Ces deux pronoms démonstratifs sont abordés au **tome 3** à la **leçon 9**

** : La lettre و écrite dans le mot أُولَئِكَ ne se prononce pas. Il ne faudra donc pas faire de prolongation à l'oral.

5 - le pronom relatif   الْاِسْمُ الْمَوْصُول

جَمْعُ غَيْرِ الْعَاقِل pluriel non-doué de raison	جَمْعُ الْعَاقِل pluriel doué de raison	الْمُثَنَّى duel	الْمُفْرَد singulier	
التِــي	الَّذِينَ[1]	اللَّذَانِ[1]	الَّذِي	الْمُذَكَّر *masculin*
	اللَّاتِي[1]	اللَّتَانِ[1]	الَّتِي	الْمُؤَنَّث *féminin*

الطَّالِبُ الَّذِي أَمَامَ الْمَدْرَسَةِ جَدِيدٌ.   L'étudiant **qui** *est devant l'école* est nouveau.

الطَّالِبَةُ الَّتِي أَمَامَ الْمَدْرَسَةِ جَدِيدَةٌ.   L'étudiante **qui** *est devant l'école* est nouvelle.

الطَّالِبَانِ اللَّذَانِ أَمَامَ الْمَدْرَسَةِ جَدِيدَانِ.   Les 2 étudiants **qui** *sont devant l'école* sont nouveaux.

الطَّالِبَتَانِ اللَّتَانِ أَمَامَ الْمَدْرَسَةِ جَدِيدَتَانِ.   Les 2 étudiantes **qui** *sont devant l'école* sont nouvelles.

الطُّلَّابُ الَّذِينَ أَمَامَ الْمَدْرَسَةِ جُدُدٌ.   Les étudiants **qui** *sont devant l'école* sont nouveaux.

الطَّالِبَاتُ اللَّاتِي أَمَامَ الْمَدْرَسَةِ جُدُدٌ.   Les étudiantes **qui** *sont devant l'école* sont nouvelles.

الْمَكَاتِبُ الَّتِي فِي الْمَدْرَسَةِ جَدِيدَةٌ.   Les bureaux **qui** *sont dans l'école* sont nouveaux.

صِلَةُ الْمَوْصُول (*subordonnée relative*)

6 - le nom interrogatif   اِسْمُ الْاِسْتِفْهَام

Voici quelques types de questions formulées à partir de **noms interrogatifs**[2] :

D'où est Yasser ?	مِنْ أَيْنَ يَاسِرٌ؟	Qu'est-ce que c'est ?	مَا هَذَا؟
Quand a lieu le 'îd ?	مَتَى الْعِيدُ؟	Qui est-il ?	مَنْ هُوَ؟
Comment te portes-tu (f) ?	كَيْفَ حَالُكِ؟	Qu'est-ce qu'il y a dans ta poche ?	مَاذَا فِي جَيْبِكَ؟
Combien *de frères* as-tu (h) ?	كَمْ أَخًا لَكَ؟	À qui est cette cuillère ?	لِمَنْ هَذِهِ الْمِلْعَقَةُ؟
Quel *jour* sommes-nous ?	أَيُّ يَوْمٍ هَذَا؟[3]	Où sont-elles ?	أَيْنَ هُنَّ؟

---

1 ces 4 formes du pronom relatif sont vues dans les tomes suivants

2 il y en a <u>2 autres</u> : أَيَّانَ (*quand*) pour interroger sur le temps futur et أَنَّى qui a le sens de كَيْفَ ou de مِنْ أَيْنَ

3 le mot أَيُّ est le seul qui est variable (مُعْرَب). Dans certains cas, ce sera أَيَّ ou أَيِّ

7 - le complément circonstanciel [1] — الظَّرْف

		L I E U — مَكَان
L'enfant est *devant* la maison.	الْوَلَدُ أَمَامَ الْبَيْتِ.	
Hamid est *derrière* Saïd.	حَامِدٌ خَلْفَ سَعِيدٍ.	
Le chat est *au-dessus* du bus.	الْقِطُّ فَوْقَ الْحَافِلَةِ.	
Le chien est *sous* l'arbre.	الْكَلْبُ تَحْتَ الشَّجَرَةِ.	
Mon père est *chez* le directeur.	أَبِي عِنْدَ الْمُدِيرِ.	
Le professeur est *avec* le directeur.	الْمُدَرِّسُ مَعَ الْمُدِيرِ.	
Il est *entre* le marché et l'université.	هُوَ بَيْنَ السُّوقِ وَالْجَامِعَةِ.	

		T E M P S — زَمَان
Le cours est *avant* le coucher.	الدَّرْسُ قَبْلَ الْمَغْرِبِ.	
Je suis revenu *il y a* un mois.	رَجَعْتُ قَبْلَ شَهْرٍ.	
Le cours est *après* la "prière".	الدَّرْسُ بَعْدَ الصَّلَاةِ.	
La "prière" est *dans* une heure.	الصَّلَاةُ بَعْدَ سَاعَةٍ.	

8 - le descriptif — الصِّفَة

Le descriptif (صِفَة) est un mot qu'on peut utiliser pour décrire un autre. Ils ont été répertoriés selon leur modèle (وَزْن). Voici une partie de ceux évoqués indirectement dans le Tome 1 de par les mots utilisés.

Certains sont privés de tanewîne.

studieux	مُفْتَعِلٌ :	مُجْتَهِدٌ	froid	فَاعِلٌ :	بَارِدٌ	
ouvert	مَفْعُولٌ :	مَفْتُوحٌ	grand / âgé	فَعِيلٌ :	كَبِيرٌ	
fermé	مُفْعَلٌ :	مُغْلَقٌ	sale	فَعِلٌ :	وَسِخٌ	
blanc	أَفْعَلُ :	أَبْيَضُ	facile	فَعْلٌ :	سَهْلٌ	
énervé	فَعْلَانُ :	غَضْبَانُ	doux (goût), sucré	فُعْلٌ :	حُلْوٌ	

---

1 : il en existe qui sont **1er mot d'une annexion** (مُضَاف) et d'autres non. Ceux qui sont cités ici le sont.

9 - *le verbe au passé*	الْفِعْل الْمَاضِي

Le **verbe** en langue **arabe** se trouve forcément dans l'un de ces **3 modes** :

1 - l'accompli (الْمَاضِي)   ⟶   (*Zayd est parti au marché.*)   زَيْدٌ ذَهَبَ إِلَى السُّوقِ.

2 - l'inaccompli (الْمُضَارِع)   ⟶   (*Zayd part à l'école.*)   زَيْدٌ يَذْهَبُ إِلَى الْمَدْرَسَةِ.

3 - l'impératif (الْأَمْر)   ⟶   (*Pars à la mosquée !*)   اِذْهَبْ إِلَى الْمَسْجِدِ!

⟶ Au **Tome 1**, l'objectif est de savoir conjuguer **l'accompli** (الْمَاضِي) [*les 2 autres sont étudiés au Tome 2*]

	Modèle 2		Modèle 1	
j'ai entendu	سَمِعْتُ	je suis parti(e)	ذَهَبْتُ	أَنَا
nous avons entendu	سَمِعْنَا	nous sommes parti(e)s	ذَهَبْنَا	نَحْنُ
tu (h) a entendu	سَمِعْتَ	tu (h) es parti	ذَهَبْتَ	أَنْتَ
tu (f) a entendu	سَمِعْتِ	tu (f) es partie	ذَهَبْتِ	أَنْتِ
vous (2) avez entendu	سَمِعْتُمَا	vous (2) êtes parti(e)s	ذَهَبْتُمَا	أَنْتُمَا
vous (h) avez entendu	سَمِعْتُمْ	vous (h) êtes partis	ذَهَبْتُمْ	أَنْتُمْ
vous (f) avez entendu	سَمِعْتُنَّ	vous (f) êtes parties	ذَهَبْتُنَّ	أَنْتُنَّ
il a entendu	سَمِعَ	il est parti	ذَهَبَ	هُوَ
elle a entendu	سَمِعَتْ	elle est partie	ذَهَبَتْ	هِيَ
ils (2) ont entendu	سَمِعَا	ils (2) sont partis	ذَهَبَا	هُمَا
elles (2) ont entendu	سَمِعَتَا	elles (2) sont parties	ذَهَبَتَا	هُمَا
ils ont entendu	سَمِعُوا	ils sont partis	ذَهَبُوا	هُمْ
elles ont entendu	سَمِعْنَ	elles sont parties	ذَهَبْنَ	هُنَّ

⟶ La différence entre le **modèle 1** et le **modèle 2** est la voyelle portée par la **2ᵉ racine**. Le **modèle 1** correspond à la forme فَـعَـلَ et le **modèle 2** à la forme فَـعِـلَ

⟶ La partie indiquée de cette couleur __ est le sujet (فَاعِل) selon l'avis le plus simple

10 - *la préposition interrogative* — حَرْفُ الِاسْتِفْهَام

Il existe 2 prépositions interrogatives : ce sont **أ** et **هَلْ** . celle vue dans le Tome 1 est **أ** .

أَرَجَعُوا مِنَ السُّوقِ؟   /   هَلْ رَجَعُوا مِنَ السُّوقِ؟

Est-ce qu'ils sont revenus du marché ?

11 - *la préposition de réponse* — حَرْفُ الْجَوَاب

Les 2 prépositions de réponse utilisées dans le **Tome 1** sont **نَعَم** et **لَا** :

أَرَجَعُوا مِنَ السُّوقِ؟

Est-ce qu'ils sont revenus du marché ?

Oui, ils sont revenus.   ⟵   نَعَم، رَجَعُوا.

Non, ils **ne** sont **pas** revenus.   ⟵   لَا، **مَا** رَجَعُوا.

12 - *la préposition de définité* — حَرْفُ التَّعْرِيف

La préposition utilisée pour faire passer un nom d'**indéfini** (نَكِرَة) à **défini** (مَعْرِفَة) est : **ألْ** :

la maison   اَلْبَيْتُ   ⟵   *une maison*   بَيْتٌ

le commerçant   اَلتَّاجِرُ   ⟵   *un commerçant*   تَاجِرٌ

Remarques :

- on ne peut pas avoir dans le même mot **ألْ** et le *tanewîne* !
  Mais il est possible de trouver l'un **ou** l'autre **ou** aucun des 2 :

  اَلْوَلَدُ ⊘   وَلَدٌ ⊘   وَلَدٌ سَعِيدٍ ⊘   يَا وَلَدُ ⊘   اَلْوَلَدٌ ⊖

- pour les noms propres de lieu (*pays, ville, ...*), on doit respecter l'usage.
  Si le nom propre en question porte **ألْ** alors on ne lui retire pas. Et inversement.

  اَلْيَابَانُ ⊘   يَابَانُ ⊖   مَكَّةُ ⊘   اَلْمَكَّةُ ⊖

13 - *la préposition d'appel* — حَرْفُ النِّدَاء

Il existe plusieurs prépositions pour appeler quelqu'un ou s'adresser à lui. La principale est يَا :

وَلَدٌ ⟶ يَا وَلَدُ ⊘ يَا وَلَدٌ ⊖   عَلِيٌّ ⟶ يَا عَلِيُّ ⊘ يَا عَلِيٌّ ⊖   يُوسُفُ ⟶ يَا يُوسُفُ

ô Youssef   *ô Ali*   *ô enfant*

الْمُنَادَى
(l'appelé)

	14 - la préposition de négation	حَرْفُ النَّفْيِ

La préposition vue dans le Tome 1 pour faire la négation d'une phrase nominale est مَا :

مَنْ فِي الْفَصْلِ؟ مَا فِيهِ أَحَدٌ.   مَا عِنْدِي سَيَّارَةٌ.   مَا لَكَ أَخٌّ.

*Qui est dans la classe ? Il n'y a **personne** dedans.*   *Je n'ai **pas** de voiture.*   *Tu n'as **pas** de frère.*

	15 - la préposition imposant le cas jarr	حَرْفُ الْجَرِّ

- Il en existe une quinzaine dans la langue arabe. Dans ce Tome, **6** d'entre elles sont citées
- **Chacune d'entre elles peut avoir plusieurs significations** selon la phrase et selon le verbe avec lequel elles peuvent être utilisées. Nous ne rappelons ici que **le sens "principal"** de chacune d'entre elles dans ce tome.

أَنَا فِي الْعِرَاقِ.   أَنَا فِي الْمَدْرَسَةِ.   أَنَا فِي الْمَطْبَخِ.   الظَّرْفِيَّةُ   ← فِي
Je suis en Irak.   *Je suis à l'école.*   *Je suis dans la cuisine.*   *(le contenant lieu / temps)*

أَنَا فِي الْفِلِبِّينِ.   أَنَا فِي السُّوقِ.
Je suis aux Philippines.   *Je suis au marché.*

الْقَلَمُ عَلَى السَّرِيرِ.   الاِسْتِعْلَاءُ   ← عَلَى
Le stylo est sur le lit.   *(l'élévation)*

أَنَا مِنَ الْفِلِبِّينِ.   أَنَا مِنْ لُبْنَانَ.   أَنَا مِنَ الصِّينِ.   الْبِدَايَةُ   ← مِنْ
Je viens des Philippines.   *Je viens du Liban.*   *Je viens de Chine.*   *(le point de départ)*

ذَهَبْتُ إِلَى السُّوقِ.   ذَهَبْتُ إِلَى الْمَدْرَسَةِ.   النِّهَايَةُ   ← إِلَى
Je suis parti(e) au marché.   *Je suis parti(e) à l'école.*   *(le point d'arrivée)*

ذَهَبْتُ إِلَى الْهِنْدِ.   ذَهَبْتُ إِلَى الْفِلِبِّينِ.
Je suis parti(e) en Inde.   *Je suis parti(e) aux Philippines.*

هَذَا لِلطُّلَّابِ.   هَذَا لِلْمُدَرِّسِ.   هَذَا لِزَيْدٍ.   الْمِلْكُ   ← لِ
Ceci est aux étudiants.   *Ceci est au professeur.*   *Ceci est à Zayd.*   *(la possession)*

أَنَا طَالِبٌ بِالْجَامِعَةِ.   الظَّرْفِيَّةُ   ← بِ
Je suis étudiant à l'université.   *(le contenant lieu)*

	16 - la préposition de coordination	حَرْفُ الْعَطْفِ

Il en existe une dizaine dans la langue arabe. 2 sont présentes dans le Tome 1, وَ (*et*) et أَمْ (*ou*) [voir leçon 21] :

أَقَرِيبٌ بَيْتُكَ أَمْ بَعِيدٌ؟   ذَهَبْنَا وَرَجَعْنَا.   عِنْدِي قَلَمٌ وَدَفْتَرٌ.
Ta maison est-elle proche ou éloignée?   *Nous sommes parti(e)s et nous sommes revenu(e)s.*   *J'ai un stylo et un cahier.*

17 - le duel et le pluriel   الْمُثَنَّى وَالْجَمْع

le duel   الْمُثَنَّى

Du point de vue du <u>nombre</u>, le **nom** (اِسْم) se divise en **3** :

- le *singulier* (الْمُفْرَد), qui désigne 1 seul élément

- le *duel* (الْمُثَنَّى), qui désigne 2 éléments

- le *pluriel* (الْجَمْع), qui désigne 3 éléments ou plus

Pour former le *duel*, on part du *singulier* et on rajoute la terminaison انِ :

أَخٌ : أَخَوَانِ   سَاعَةٌ : سَاعَتَانِ   قَلَمٌ : قَلَمَانِ   وَلَدٌ : وَلَدَانِ

2 frères   *2 montres*   *2 stylos*   *2 enfants*

الْبَابَانِ الْكَبِيرَانِ مَفْتُوحَانِ.

Les 2 grandes portes sont ouvertes.

أَمَامَ الْمَدْرَسَةِ سَيَّارَتَانِ قَدِيمَتَانِ.

Devant l'école il y a 2 voitures anciennes.

هَذَانِ دَفْتَرَانِ وَهَاتَانِ مِسْطَرَتَانِ.

Voici 2 cahiers et voici 2 règles.

أَيْنَ الطَّالِبَانِ الْجَدِيدَانِ؟ هُمَا عِنْدَ الْمُدِيرِ.

Où sont les 2 nouveaux étudiants ? Ils sont chez le directeur.

le pluriel   الْجَمْعُ

À partir de 3 on utilise le **pluriel** (الْجَمْعُ). Et il existe <u>3 types de pluriel</u> :

En ajoutant ونَ à son singulier	مُدَرِّس : مُدَرِّسُونَ *professeurs* مُسْلِم : مُسْلِمُونَ *musulmans*	١ - جَمْعُ الْمُذَكَّرِ السَّالِمُ : (*pluriel* **masculin** régulier)
Finit part اتْ , sans conserver ة	سَيَّارَة : سَيَّارَاتْ *voitures* مُسْلِمَة : مُسْلِمَاتْ *musulmanes*	٢ - جَمْعُ الْمُؤَنَّثِ السَّالِمُ : (*pluriel* **féminin** régulier)
La base du singulier a subi une modification. **Et ils n'ont pas de terminaison commune !**	شَيْخٌ : شُيُوخْ *hommes âgés* رَجُلٌ : رِجَالٌ *hommes*	٣ - جَمْعُ التَّكْسِيرِ : (*pluriel* **modifié**)

مِنْ أَيْنَ هَؤُلَاءِ الرِّجَالُ الطِّوَالُ؟ هُمْ مِنْ سُورِيَا.   الْبَنَاتُ خَرَجْنَ.   أَبْنَاؤُهُ ذَهَبُوا إِلَى السُّوقِ.

D'où viennent ces hommes grands ? Ils viennent de Syrie.   *Les filles sont sorties.*   *Ses fils sont partis au marché.*

<u>*Attention*</u> : le pluriel de ce qui est non-doué de raison est considéré **féminin** !

أَيْنَ الْكِلَابُ؟ أَخْرَجَتْ مِنَ الْحَدِيقَةِ؟   لِمَنْ هَذِهِ الْكُتُبُ الْجَدِيدَةُ؟ هِيَ لِلْمُدِيرِ.

Où sont les chiens ? Sont-ils sortis du jardin ?   *À qui sont ces nouveaux livres ? Ils sont au directeur.*

18 - le chiffre / nombre (1 à 10)   الْعَدَد

Dans ce tome, on a vu comment dénombrer de **1 à 10** :

- pour préciser le chiffre **1**, on rajoute le mot وَاحِد <u>en l'accordant en genre</u> avec le dénombré

- pour le **2**, on met le mot au *duel*

- de **3 à 10** on fait une <u>annexion</u> en mettant d'abord **الْعَدَد**, puis **الْمَعْدُود** (*le dénombré*) au *pluriel*, en opposant le genre du **عَدَد** à celui du **مَعْدُود** (*en se basant sur le singulier*)

	مَعَ الْمَعْدُودِ الْمُؤَنَّث *avec le dénombré féminin*		مَعَ الْمَعْدُودِ الْمُذَكَّر *avec le dénombré masculin*	
1 étudiante	طَالِبَةٌ وَاحِدَةٌ	١	طَالِبٌ وَاحِدٌ	1 étudiant
2 étudiantes	طَالِبَتَانِ	٢	طَالِبَانِ	2 étudiants
3 étudiantes	ثَلَاثُ طَالِبَاتٍ	٣	ثَلَاثَةُ طُلَّابٍ	3 étudiants
4 étudiantes	أَرْبَعُ طَالِبَاتٍ	٤	أَرْبَعَةُ طُلَّابٍ	4 étudiants
5 étudiantes	خَمْسُ طَالِبَاتٍ	٥	خَمْسَةُ طُلَّابٍ	5 étudiants
6 étudiantes	سِتُّ طَالِبَاتٍ	٦	سِتَّةُ طُلَّابٍ	6 étudiants
7 étudiantes	سَبْعُ طَالِبَاتٍ	٧	سَبْعَةُ طُلَّابٍ	7 étudiants
8 étudiantes	ثَمَانِي طَالِبَاتٍ	٨	ثَمَانِيَةُ طُلَّابٍ	8 étudiants
9 étudiantes	تِسْعُ طَالِبَاتٍ	٩	تِسْعَةُ طُلَّابٍ	9 étudiants
10 étudiantes	عَشْرُ طَالِبَاتٍ	١٠	عَشَرَةُ طُلَّابٍ	10 étudiants

<u>*Remarques*</u> :

- la lettre ش dans le mot **10** porte *fathah* quand le dénombré est masculin, et *soukoûn* quand il est féminin.

- quand le mot **8** est suivi d'un dénombré féminin, il ne porte pas <u>*dammah*</u> comme les autres, mais il finit par une prolongation

<u>*Quelques exemples*</u> :

عِنْدَهُ عَشَرَةُ رِيَالَاتٍ.*   لِي أَخٌ وَاحِدٌ وَأُخْتَانِ.

Il a 10 rials.   *J'ai 1 frère et 2 sœurs.*

صَلَاةُ الظُّهْرِ بَعْدَ سَبْعِ سَاعَاتٍ.   لِي أَرْبَعَةُ إِخْوَةٍ وَخَمْسُ أَخَوَاتٍ.

La "prière" du midi est dans 7 heures.   *J'ai 4 frères et 5 sœurs.*

* : le mot رِيَال est masculin, même si son pluriel est de type **مُؤَنَّث سَالِم** (*féminin régulier*)

| 19 - le privé de tanewîne | الْمَمْنُوعُ مِنَ الصَّرْفِ |

Certains noms ne portent jamais *tanewîne*. Ceux qui sont dans ce livre* peuvent être classés ainsi :

أ - عَـــلَــم :
A - nom propre

١ مُؤَنَّثٌ *féminin* : زَيْنَبُ ، فَاطِمَةُ ، مَكَّةُ ، حَمْزَةُ ...

٢ مَخْتُومٌ بِ[ان] زَائِدَتَيْن
terminant pas l'ajout de ان : سُفْيَانُ ، عُثْمَانُ ، مَرْوَانُ ، رَمَضَانُ ...

٣ عَلَى وَزْنِ [أَفْعَل]
sur la forme ... : أَحْمَدُ ، أَنْوَرُ ، أَخْتَرُ ، أَكْرَمُ ...

٤ أَعْجَمِيٌّ *non-arabe* : يَعْقُوبُ ، وِلْيَمُ ، بَارِيسُ ، بَاكِسْتَانُ ...

ب - صِــفَــة :
B - descriptif

١ عَلَى وَزْنِ [أَفْعَل] : أَبْيَضُ ، أَحْمَرُ ، أَزْرَقُ ، أَسْوَدُ ...
                                       noir   bleu   rouge   blanc

٢ عَلَى وَزْنِ [فَعْلَان] : جَوْعَانُ ، كَسْلَانُ ، عَطْشَانُ ، غَضْبَانُ ...
                                   énervé   assoiffé   paresseux   affamé

ج - جَمْعُ تَكْسِيرٍ :
C - pluriel modifié

١ عَلَى وَزْنِ [مَفَاعِل] : مَسَاجِدُ ، مَكَاتِبُ ، دَفَاتِرُ ، فَنَادِقُ ...
                                hôtels   cahiers   bureaux   mosquées

٢ عَلَى وَزْنِ [مَفَاعِيل] : مَفَاتِيحُ ، مَنَادِيلُ ، فَنَاجِينُ ، كَرَاسِيُّ ...
                               chaises   tasses   mouchoirs   clés

٣ عَلَى وَزْنِ [أَفْعِلَاء] : أَغْنِيَاءُ ، أَصْدِقَاءُ ، أَقْوِيَاءُ ، أَطِبَّاءُ ...
                               médecins   forts   amis   riches

٤ عَلَى وَزْنِ [فُعَلَاء] : فُقَرَاءُ ، وُزَرَاءُ ، زُمَلَاءُ ، عُلَمَاءُ ...
                               savants   camarades(h) ministres   pauvres

Remarque : ces mots ne sont pas مَجْرُور en terminant par la كَسْرَة comme ce qui est la base. Mais ils sont مَجْرُور en terminant par la فَتْحَة :

ذَهَبَ أَحْمَدُ إِلَى إِبْرَاهِيمَ.
Ahmed est parti voir Ibrâhîm.

قَلَمُ زَيْنَبَ أَحْمَرُ.
Le stylo de Zayneb est rouge.

فِي بَاكِسْتَانَ مَسَاجِدُ كَثِيرَةٌ.
Au Pakistan il y a beaucoup de mosquées.

----

* : la liste citée ici est incomplète, elle est complétée **à la fin du tome 4** et présentée de manière différente

20 - l'annexion   الإِضَافَة

L'annexion est un **assemblage entre 2 mots (ou plus)** pour indiquer qu'il y a entre eux un lien de possession, ou de lieu, ou de temps.

Par exemple, on a appris à dire "<u>un</u> livre" en disant   ⟶   كِتَابٌ

Puis on a appris à dire "<u>le</u> livre" en disant   ⟶   الْكِتَابُ

Maintenant si on veut préciser à qui est ce livre et dire "**le livre du professeur**" ou "**le livre de Mohammed**", on utilisera l'annexion en disant :

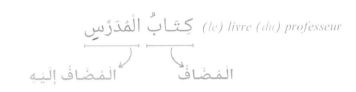

(le) livre (de) Mohammed   كِتَابُ مُحَمَّدٍ   كِتَابُ الْمُدَرِّسِ *(le) livre (du) professeur*

الْمُضَافُ إِلَيْهِ   الْمُضَافُ   الْمُضَافُ إِلَيْهِ   الْمُضَافُ

celui à qui on annexe   *l'annexé*

Dans une **إِضَافَة** il faut appliquer <u>3 règles</u> :

- règle **1** : ne pas mettre **الـ** devant le 1er mot (مُضَاف)
- règle **2** : ne pas mettre *tanewîne* sur le 1er mot (مُضَاف)
- règle **3** : mettre la **kasrah** à la fin du 2e mot (مُضَاف إِلَيْه) avec ou sans *tanewîne* selon la situation

<u>**Quelques exemples**</u> :

Voici (le) livre (de) Khâlid.   هٰذَا كِتَابُ خَالِدٍ.

Voici (le) livre (d')un étudiant.   هٰذَا كِتَابُ طَالِبٍ.

Voici (le) livre (de) l'étudiant.   هٰذَا كِتَابُ الطَّالِبِ.

C'est (le) livre (de) qui ?   كِتَابُ مَنْ هٰذَا؟*

À quelle mosquée es-tu parti ?   إِلَى أَيِّ مَسْجِدٍ ذَهَبْتَ؟

Sous la voiture (il y a) un chat.   تَحْتَ السَّيَّارَةِ قِطٌّ.

Son stylo est cassé.   قَلَمُهَا مَكْسُورٌ.

Le livre est sur (le) bureau (de) Abbâs.   الْكِتَابُ عَلَى مَكْتَبِ عَبَّاسٍ.

(L')école (des) frères (de) Hâmid est éloignée.   مَدْرَسَةُ إِخْوَةِ حَامِدٍ بَعِيدَةٌ.

---

* : on ne remarque pas la règle **3** sur le mot مَنْ car sa terminaison est invariable

21 - l'adjectif — النَّعْت

L'adjectif (النَّعْت) se place **après** le mot qu'il décrit (المَنْعُوت), et il s'accorde avec lui dans **4 points** :

- le **genre** (*masculin / féminin*) : التَّذْكِيرُ وَالتَّأْنِيثُ
- la **définité** (*défini / indéfini*) : التَّعْرِيفُ وَالتَّنْكِيرُ
- le **cas grammatical** : الإِعْرَابُ ⟶ représenté par l'une des terminaisons (*dammah / fathah / kasrah*)
- le **nombre** (*singulier / duel / pluriel*) : الإِفْرَادُ وَالتَّثْنِيَةُ وَالجَمْعُ

النَّعْت ← المَنْعُوت ←

عَبَّاسٌ طَبِيبٌ شَهِيرٌ. ← عَبَّاسٌ طَبِيبٌ.

'Abbâs est un médecin célèbre. | *'Abbâs est médecin.*

Quelques exemples :

السَّاعَةُ المَكْسُورَةُ فِي الغُرْفَةِ.
La montre cassée est dans la chambre.

هُوَ فِي مَدْرَسَةٍ جَدِيدَةٍ.
Il est dans une nouvelle école.

الكُوبُ لِلْمُدَرِّسِ الجَدِيدِ.
Le gobelet est au nouveau professeur.

القَلَمُ الَّذِي عَلَى المَكْتَبِ أَسْوَدُ.
Le stylo qui est sur le bureau est noir.

السَّاعَةُ الَّتِي عَلَى المَكْتَبِ جَدِيدَةٌ.
La montre qui est sur le bureau est neuve.

أُولَئِكَ مُدَرِّسُونَ جُدُدٌ.
Voilà des nouveaux professeurs.

فِي فَصْلِنَا طُلَّابٌ مُجْتَهِدُونَ.
Dans notre classe il y a des étudiants studieux.

21 - la phrase nominale — الجُمْلَةُ الإِسْمِيَّة

La **phrase nominale** est constituée de 2 parties, le *moubtada'* et le *khabar* :

C'est un nom qui survient (généralement) en début de phrase.

المُبْتَدَأ : اِسْمٌ يَقَعُ فِي أَوَّلِ الجُمْلَةِ.

C'est un nom qui survient après le moubtada' et avec lequel la phrase devient complète

الخَبَرُ : اِسْمٌ يَقَعُ بَعْدَ المُبْتَدَأ وَتَحْصُلُ بِهِ الفَائِدَةُ.

La base est que le *khabar* s'accorde en genre et en nombre avec le *moubtada'*. Par contre si le *moubtada'* est un **pluriel non-doué de raison**, le *khabar* sera automatiquement au singulier féminin.

Quelques exemples :

هُنَّ طَبِيبَاتٌ.
Elles sont médecins.

هُمْ أَغْنِيَاءُ.
Ils sont riches.

اليَدَانِ وَسِخَتَانِ.
Les 2 mains sont sales.

البَابُ مَفْتُوحٌ.
La porte est ouverte.

فِي المَسْجِدِ قِطٌّ.
Dans la mosquée il y a un chat.

زَيْدٌ فِي المَسْجِدِ.
Zayd est dans la mosquée.

النِّسَاءُ ذَهَبْنَ.
Les femmes sont parties.

الرِّجَالُ ذَهَبُوا.
Les hommes sont partis.

كَمْ أَخًا لَكِ؟
Combien de frères as-tu (f) ?

أَيْنَ المَسْجِدُ؟
Où est la mosquée ?

مَنْ أَمَامَ البَيْتِ؟
Qui est devant la maison ?

مَنْ هَذَا؟
Qui est-ce ?

NOTES　　　　　　　　　　مُلَاحَظَاتٌ

الْــفِــهْــرِسُ

الصَّــفْــحَــةُ

page

Retrouvez-nous sur :

 ArabeCorrect quizz

 arabecorrect

 Arabe-correct

Printed in Great Britain
by Amazon